消費者の信頼を築く

安全な製品と取引のための消費者問題ハンドブック

谷 みどり

新曜社

はじめに

どんなビジネスも、需要があって初めて成り立つ。これからの需要は、どこにあるだろうか。輸出は円高で難しい。政府は膨大な借金を抱えている。そこで頼りたいのが国内の民間消費である。「すべての生産は、消費者を究極的に満足させることを目的とするものである」とケインズは述べた。[1]私たちの消費を回したいところがある。社会を支える人々を雇用し、新しい技術やノウハウを生み出し、若者を育てる職場である。こんな職場が提供する物やサービスを消費者が選べれば、くらしを支える産業が発展する。外国でも、日本の消費者が厳しい目で選んだ商品に魅力を感じる人が増えるだろう。

ところが、これがうまくいかない。なぜだろうか。

問題は、消費者が十分な情報を得て理解した上で取引することができない市場にある。もし品質について信じられる情報がなければ、消費者は安い方を選び、市場は果てしない価格競争に陥る。ぎりぎりまで価格を下げた製品の製造現場では、安全管理などの人件費が削られがちだ。また、安値販売をつきつめた流通現場では、顧客への適切な対応にはお金がまわらない。こうなると、よい品質をもたらす技術を持つ人や信頼を得られる顧客対応ができる人の職は、危うくなる。経営者も雇用者もひたすら価格引き下げに邁進し、人々が努力すればするほどデフレが進み経済が縮まる。また、もしだまされたことに気づいても代金を返してもらえない市場が拡大すれば、怪しい勧誘や広告が横行し、うそのうまい人がもうかる。だまし方の上手さで売上げを伸ばした人が経営し管理する職場で働く人は、上司の指導で人をだます能力を磨いていく。そして、まっとうな仕事によって付加価値を生み出す職場から需要を奪う。

消費者が信頼できる市場は、経済の基盤である。２００８年版の国民生活白書によると、２００７年度における消費者被害に伴う経済的損失は最大で約３・４兆円と推計されている。[2] ２０１１年度の科学技術振興費１・３兆円の２・６倍だ。このほかにも「消費者被害」には至らない損失があるだろう。もしこれだけの金額を世の中のためになる仕事をする人の職場に届けられれば、日本をもっとよい国にすることができる。

どうしたら、消費が心ある事業者に届くような市場を築くことができるだろうか。政府の努力も必要だが、それだけには頼れない。多くの心ある人々の手で、消費者が信頼して買える市場の規範を支えなければならない。誰に何ができるだろうか。

消費市場には、二つの問題がある。一つは製品やサービスの品質の問題、もう一つは取引の方法の問題である。この本は、序章で考え方の枠組を提供した後、第1章では品質問題の代表として製品安全をとりあげる。第2章では、訪問販売やネット通販など取引の問題をとりあげる。第3章では海外の政策や国境を越える問題への対応を紹介し、終章では市場の問題を概観し理想を語る。

消費市場の規範に関連する学問は、法学、心理学、経済学、社会学、工学、医学など多くの分野にまたがる。[3] 本書の一部は、済産業研究所で開催された安全・環境問題規制検討会で得られた分野横断的な議論を反映している。消費市場に関わる多くの方々が、様々なお知恵をくださったことに、心から感謝を申し上げる。なお、意見にわたる部分は筆者個人の私見であり、組織の見解ではない。

目次

第1章 製品安全

第2章　取引の問題

第3章 海外に関係する対策

終章　信頼できる消費市場とは

装丁――気流舎図案室

序章

消費市場の問題

1　消費者相談に見るトラブルの傾向

（1）地方自治体の消費生活センターの相談から

日本の消費市場には、どんな問題があるのだろうか。まず、消費者から行政に寄せられた相談の動向を見てみよう。

全国各地の自治体には消費生活センターが置かれ、消費者からの相談を受け付けている。これらの相談の多くは、ＰＩＯ－ＮＥＴと呼ばれる全国的な情報システムに登録され、国民生活センターが集計している。この件数は、今世紀に入って急速に増加した。２００５年度以降は減少しているが、減少分の多くは架空請求に関する相談である。２０１０年度の相談件数は、２００２年度までのいずれの年より多い（図序－１）。

相談の中で多いのは、契約内容や解約の方法、販売方法、価格や料金など、取引に関するものだ。取引に関する相談は、２００１年度から２０１０年度にかけて、53万件から76万件に増加した。安全や品質に関する相談は、同じ期間に9万件から12万件に増加した。[1] ２０１０年度に急増したのは、訪問買取りに関する相談である。貴金属等の訪問買取りに関する相談は、２００８年度は69件、２００９年度は１３７件だったが、２０１０年度は２３６７件だった。

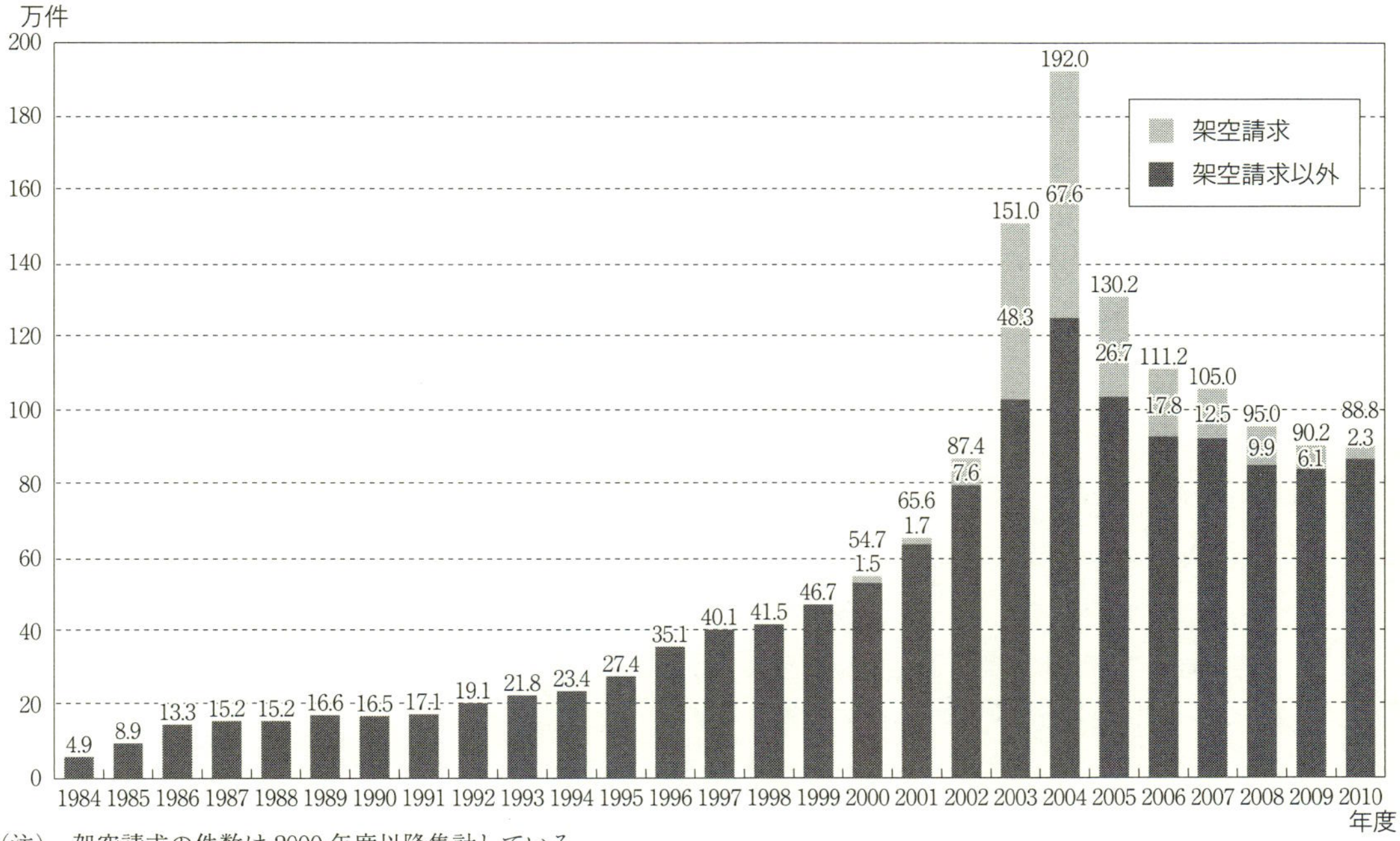

（注） 架空請求の件数は 2000 年度以降集計している。
（出典） 国民生活センター 2011 年 8 月 25 日発表「2010 年度のＰＩＯ－ＮＥＴにみる消費生活相談の概要」

図 序－1 消費生活センターの相談件数

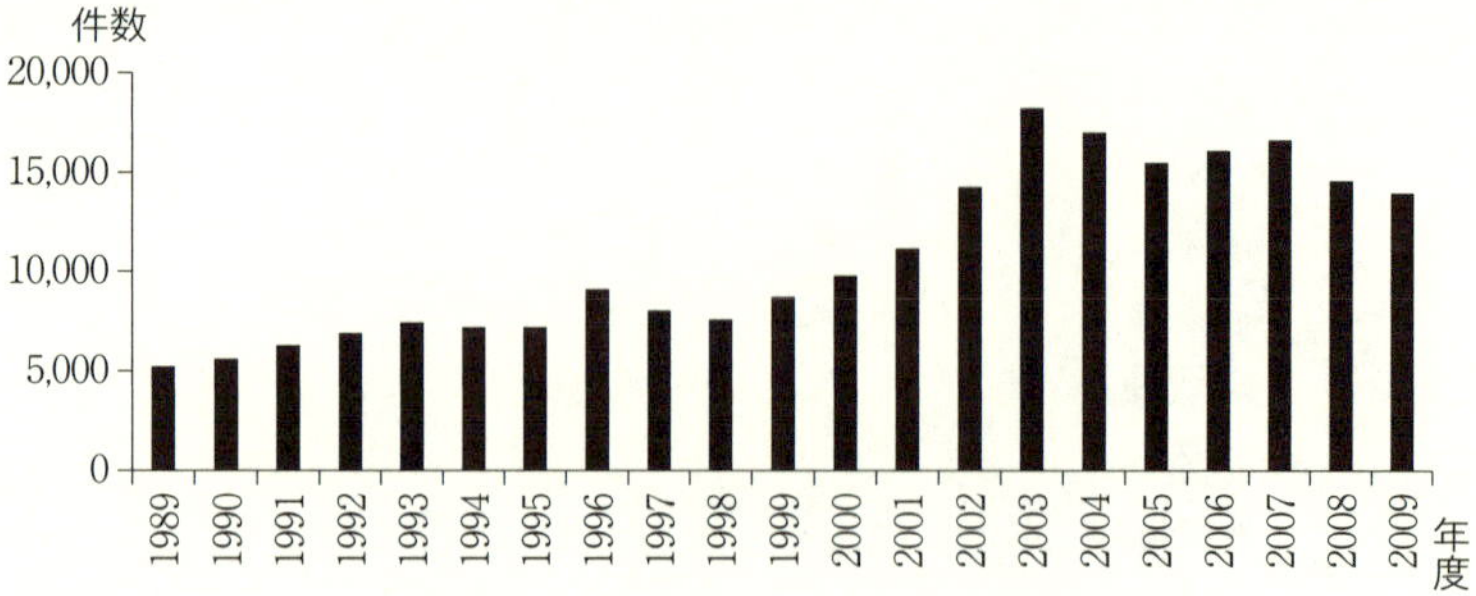

図　序－２　経済産業省の消費者相談件数

（２）経済産業省の消費者相談から

①今世紀に入り増えた相談

消費市場に関係する製品安全やクレジット取引などは、経済産業省が担当している。２００９年９月に消費者庁[2]ができるまでは、訪問販売などを規制する特定商取引法[3]も経済産業省が所管していた。

経済産業省には消費者の相談に応じる窓口がある。[4] 相談のうち個人情報などの秘密は当然守られるが、全体的な動向や特徴的な事例は、集計、抜粋され公表される。[5] 相談件数は今世紀に入る頃から急速に増え、２００３年度には１万８３２９件に達した。その後少し減ったが、２００９年度でも１万４０７２件あった。１９８９年度が５３３４件であったのと比べ、相当多い（図序－２）。

件数が、そのまま消費市場の問題の多寡を表すわけではない。問題があっても経済産業省の消費者相談には寄せられない情報も多い。相談窓口の存在が知られることで相談件数が増えることもありうる。また、相談の中には、単なる問い合わせや意見の表明もある。しかし行政処分を行うと、その処分関係の相談が増えることもある。しか

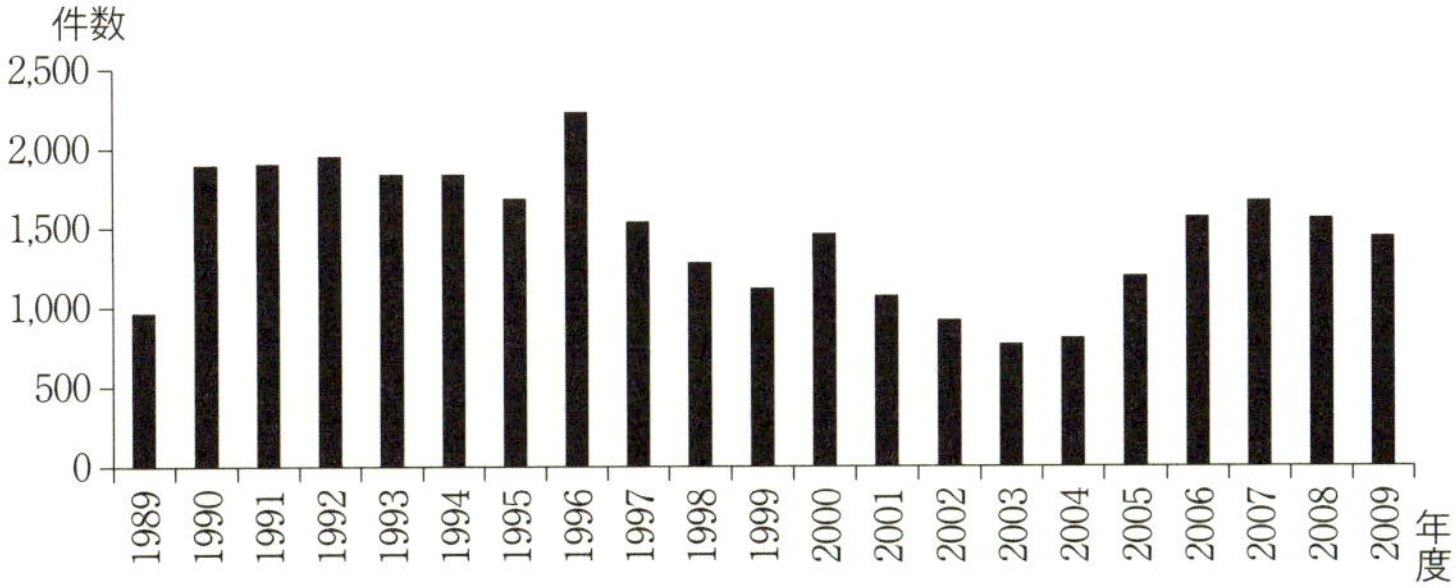

図　序－３　製品関係の相談件数

し、相談の内容も含めて検討すると、日本の消費市場の問題が見えてくる。

経済産業省の相談では個別のトラブルを解決するためのあっせんは行わないが、法律の解釈も含め、関係する情報を提供できる。また、相談の中には、自分の被害を繰り返さないために国に情報を提供して対処を求めるものもある。自分自身の被害回復が難しいことはわかった上で、みんなのために自分の事例を生かしてほしいという願いから情報を提供されるのだ。このような情報提供は、国の行政が消費市場の実態を把握して適切な行動をとる上で、重要な役割を果たしている。

以下で、相談の内訳を見てみよう。

②あまり伝わらなかった製品事故情報

品質、安全などを含む製品関係の相談件数は、いったん減った後、また増加した（図序－３）。２００４年度までの相談件数を一見すると、あたかも安全の問題が減少していたかのように見える。しかし、このころも報道などでは相当数の事故情報があった。[6] これらの事故のほとんどは、消費者相談に持ち込まれなかった。

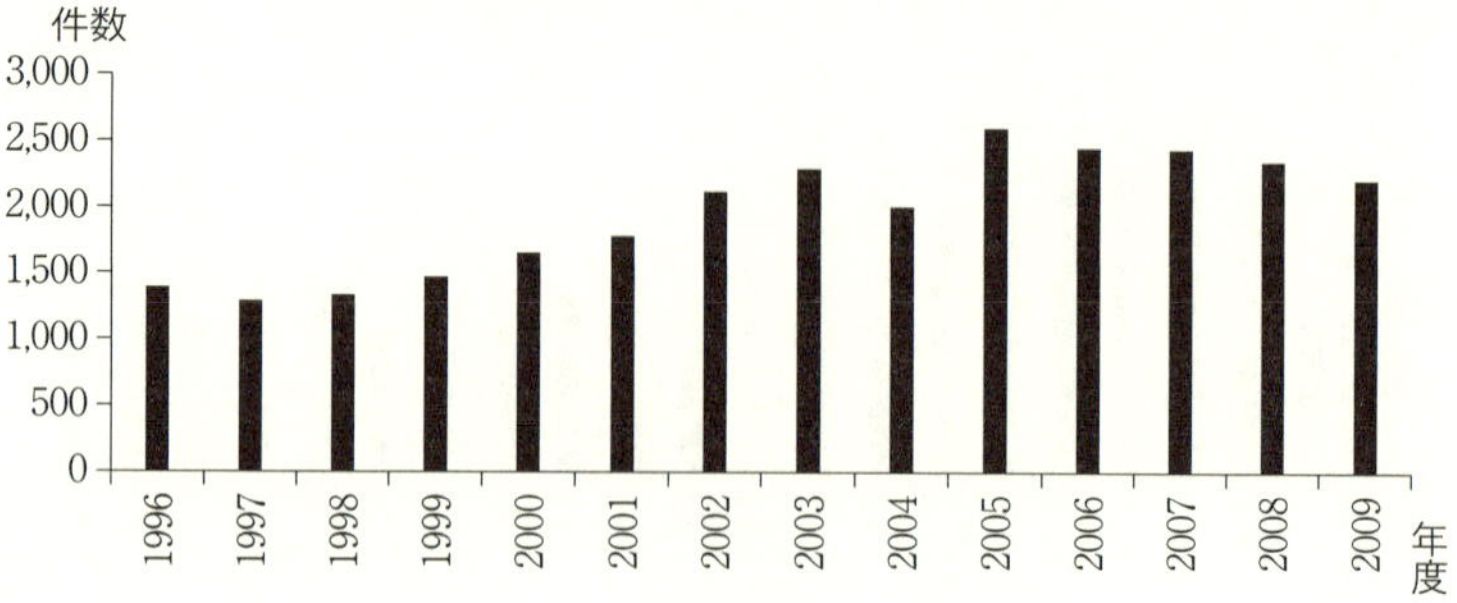

図　序－4　訪問販売関係の相談件数

たとえば、電気ひげそり機の充電器から発火する事故が多発していたが、消費者相談の傾向には表れてこなかった。この製品は安価な輸入品でゴルフ等の賞品として提供されたことが多かったが、この場合、消費者は販売店を知らない。製品の品質に問題があった場合、メーカーや販売店を知っていると対処を求めやすいが、輸入品で販売店も不明だとそうはいかない。製品関係の相談が減った背景には、輸入品やネット通販などの増加があったかもしれない。

２００５年度以降は、製品関係の相談が増加した。これは、この時期に製品安全や品質に関する社会の関心が高まったことと関連している。

③販売方法の新たな問題

販売方法に関する問題に、うその勧誘がある。たとえば高齢者が巧みな勧誘者にだまされて契約し、老後のためにこつこつ貯めたお金を奪われた事例があった。あまりに悪質な事例に、「相談しながら、一緒に泣いちゃうんです」と語った相談員もいた。

相談件数が多いのは、訪問販売である。悪質な訪問販売は１９７０年代に大きな問題となり、これを規制するために１９７６

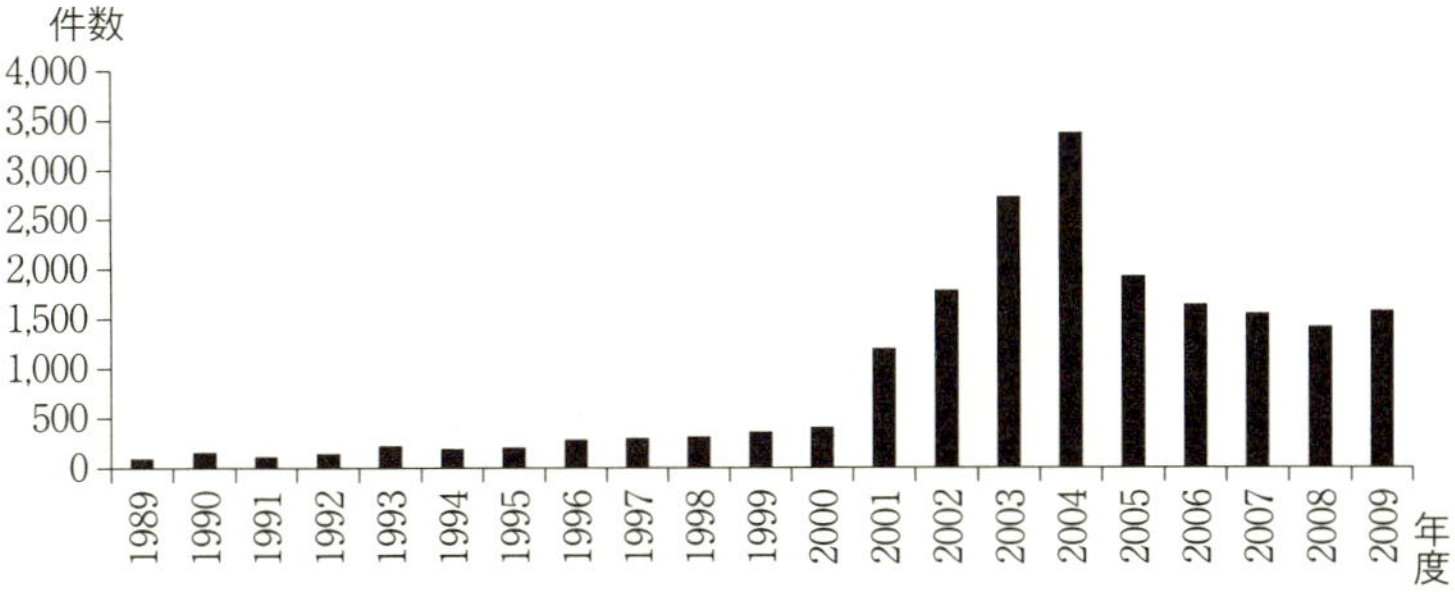

図　序－５　通信販売関係の相談件数

年には訪問販売法ができた。その後、消費者トラブルの拡大に応じて規制対象が電話勧誘販売等にも広がり、法律の名前も訪問販売法から特定商取引法と変わった。[7]

この間に訪問販売の定義も拡大したが、[8]相談件数について集計方法が比較的現在と近くなった１９９６年度以降を見ると、１９９７年度以降増加し、悪質なリフォームの訪問販売が大きな問題になった２００５年には２５８２件と最大になった。その後も相談は２０００件以上ある（図序－４）。

今世紀に入って急増したのは、通信販売関係、特にネット通販に関する相談である。ネットオークションや携帯サイトからの有料ソフトのダウンロードも、通信販売に含まれる。１９８９年度は１５２件にすぎなかった相談件数は、２００４年度には３３８８件となった。その後減少したが２００９年度はまた少し増え、１６１４件となった（図序－５）。

２００４年度をピークとする急増とその後の減少の大きな要因は、出会い系サイトの利用トラブルである。出会い系サイトの利用等を別に集計し始めた２００３年度以降の推移をみると、出会い系を除いた通信販売関係の相談件数は、ここ数年、毎年度千件前後で

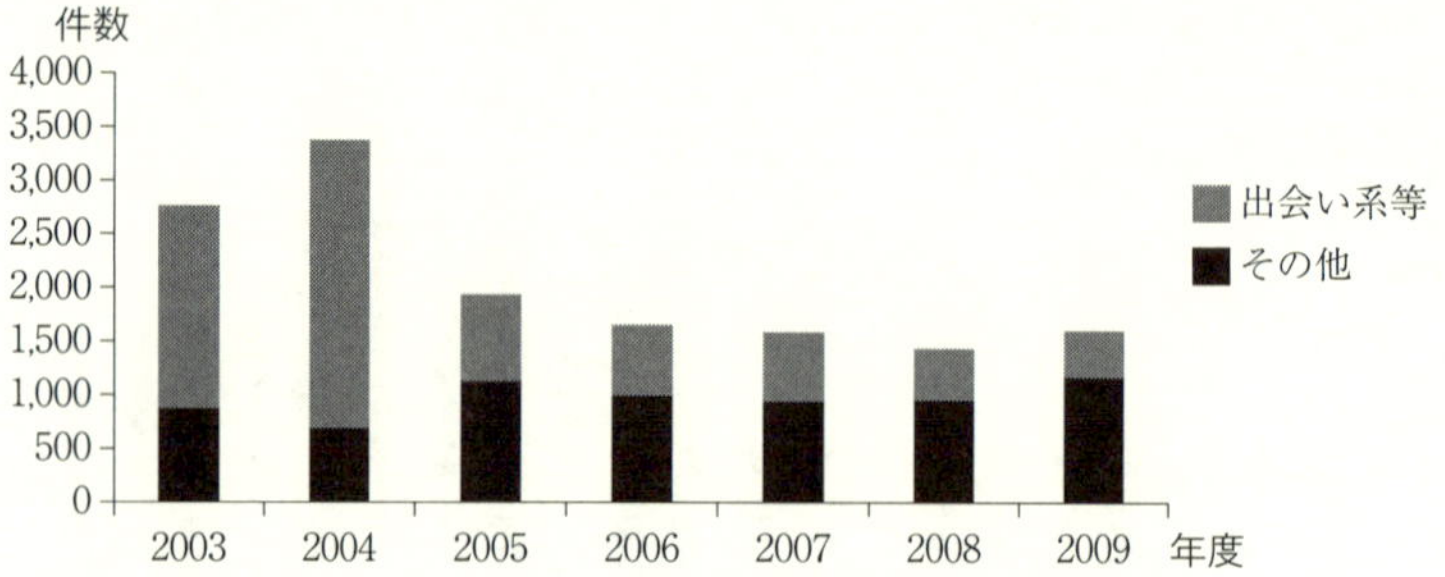

図　序－６　通信販売関係の相談件数の内訳

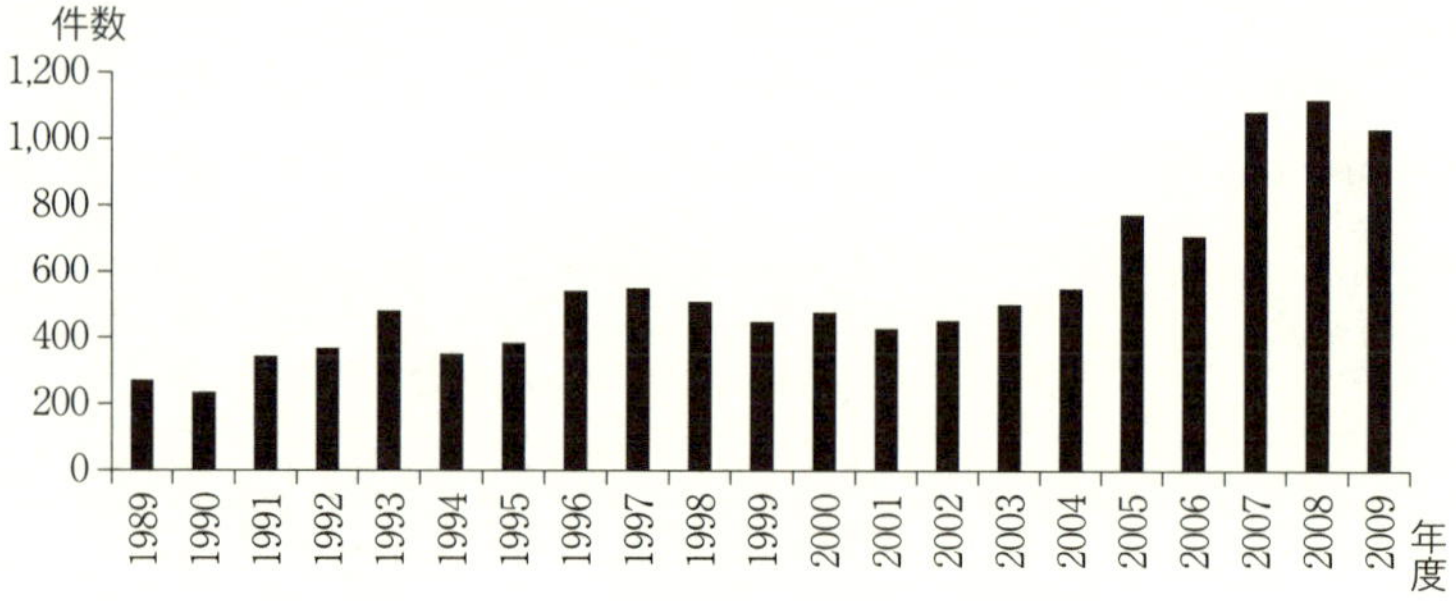

図　序－７　連鎖販売取引関係の相談件数

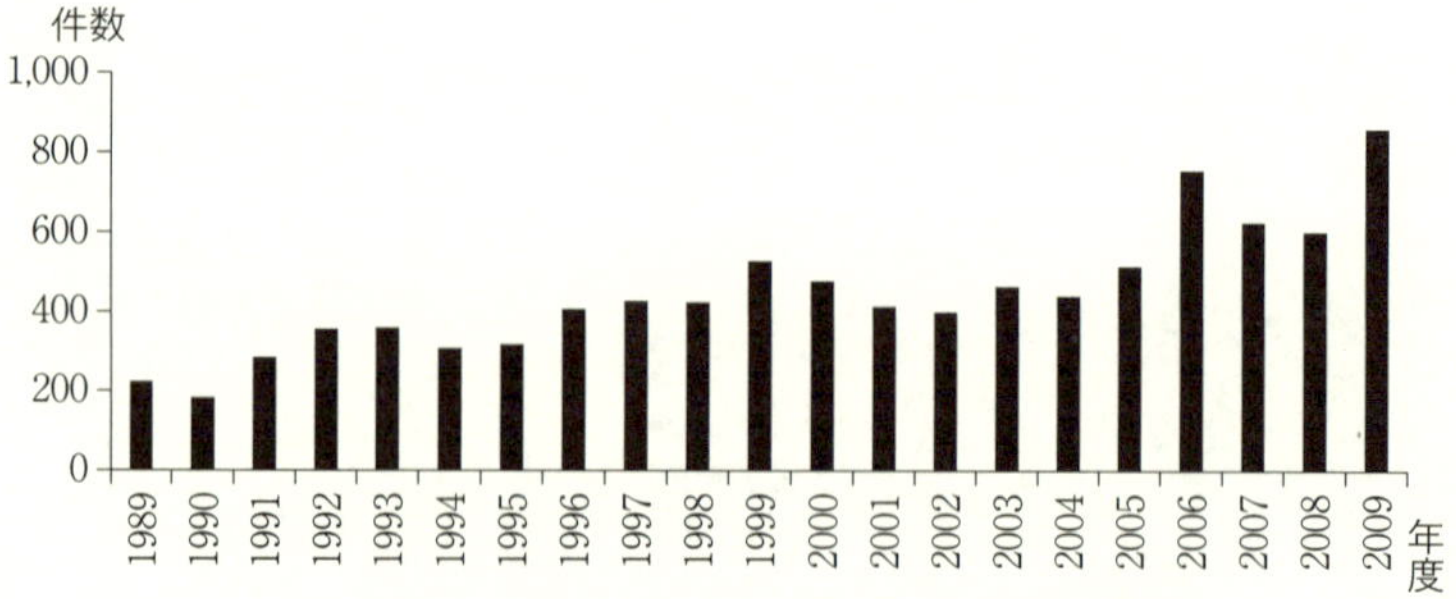

図　序－８　割賦（クレジット）関係の相談件数

推移し、２００９年度は１１７７件だった（図序－６）。通信販売関係の相談件数が二百件に満たなかった１９９０年度前後に比べると、相当増えている。

連鎖販売取引関係の相談も増えている。連鎖販売取引は、個人を販売員として勧誘し、さらに次の販売員を勧誘させるというかたちで、販売組織を連鎖的に拡大して行う商品やサービスの取引のことである。マルチ商法やＭＬＭ（マルチ・レベル・マーケティング）と呼ばれることもある。連鎖販売取引の相談件数は、１９９０年度の２４２件から大幅に増加し、２００７年度以降は毎年度千件を上回っている（図序－７）。

クレジットによる支払いに関係する相談も、今世紀になって増えている。１９９０年度には１８４件だったクレジット関係の相談は、２００９年度には８５８件になった（図序－８）。クレジットを使うと、現金では不可能な高額の支払い契約が即座に可能になる。たとえば悪質リフォーム訪問販売の契約金額は百万円を大きく上回るものが多かったが、これらにクレジットが使われた。販売に使われるクレジットには、クレジットカードのほか、購入毎に契約する個別クレジットなどがあるが、悪質訪問販売には個別クレジットが多く使われた。クレジットカードも個別クレジットも、割賦販売法という法律で規制されている。[9]

2 問題の背景

消費者は、自ら望んで危険な製品を買ったりだまされたりするわけではない。日本の消費市場が、安全な製品や正常な取引に、需要を提供しにくくなっているのだ。なぜこんなことになったのだろうか。

商圏が拡大し商品が多様化して一度きりの取引が増えたことが、問題の背景にあるのではないか。契約は、取引が繰り返される場合は守られるが、評判が伝わらない一回だけの取引なら守られない傾向がある。[10] ゲーム理論はこの傾向を分析し、繰返し取引が相互協力に至る条件を明示した。取引が多数回繰り返される場合や、評判などの情報がよく伝わる場合は、相手との協力に至りやすい。相互協力に達するのは、市場参加者がまずは相手と協力し、相手が裏切ればこちらも裏切るが相手が協力すればこちらも協力するという「しっぺ返し」戦略をとっている時である。[11] こうして協力が慣習となり自然法となっていく可能性を示した研究がある。[12]

一方、消費者がやられっぱなしでは、繰返し取引によっても相互協力に至らない。消費者契約で、裏切られてもやり返さない当事者の割合が増えるほど共存共栄が困難になることを示した研究がある。[13] 製品安全の分野でも、事故が起きた製品でも事故を知らずに買い続ける消費者が多ければ、安全な製品は売れなくなる。何度でもだまされる消費者が多いと、誠実な事業者の売り上げは減る。こうして悪質な事業者が繁栄して一定の臨界を越えると、よい事業者は淘汰されていき、ついには市場全体が機能しなくなる。
市場参加者が互いに信頼できる市場の規範が構築、維持されるためには、消費者が「やられっぱなし」ではいけない。たとえば高齢者や若者が内容をよく理解しないまま契約するなど、消費者の不注意もある。しかし、もし消費者にも不注意があって被害を受けたケースを「消費者の自己責任」として放置したりすると、善良な事業者も損をする。

3　対策の主体と対象

現状を放置できないなら、何をすべきだろうか。対策が必要だというと「政府が企業に法で強制するか否か」という二分法で議論されがちだが、これは狭い見方だ。対策の主体は政府だけでなく、その対象は企業に限らない。規範は法だけでなく、これが守られるようにする方法は強制に限らない。[14]

適切な対策を選ぶためには、多くの選択肢を一覧できるとよい。そこで、対策をまず主体と対象という切り口で分類する。対策の対象としては、消費市場で取引を行う人々が考えられる。大まかに言うと事業者と消費者だが、もう少し細かく見ていこう。

事業者というとき、法人全体を指す場合と、これを経営する個人やそこに働く個人を指す場合がある。法人は、経営理念、内部規則などの社内システム、安全等のための技術を持ち、対策を行う

表序－１ 対策の主体と対象による分類

対策の主体／対策の対象		行政組織	司法組織		自主組織
			民事組織	刑事組織	
事業者	法人				
	経営者・雇用者				
消費者・投資家					

動機と機会を有する一つの主体だと考えられる。法人は、個人と資本の単なる集まりではない。それ自体が持っている組織風土もある。[15]

法人とは別に、そこで事業を行う経営者、雇用者にも、よい事業を行う動機と機会がある。安全対策を怠って業務上過失致死傷に問われたり、悪質商法で詐欺罪が適用されたりする対象は、個人である。

また、ほとんどすべての個人は消費者であり、よい事業者から購入することによって事業者によい事業を行う動機を提供する役割があるが、同時に投資家という側面もある。個人の投資家としての側面に着目して勧誘するマルチ商法等の悪質商法もある。ただし、この「投資家」は、プロという意味ではない。

次に、対策を行う主体を考える。まず政府や地方自治体、つまり行政組織がある。この本では官庁のほか、独立行政法人も含めて考える。

司法組織もあり、これは民事と刑事で役割が異なる。民事組織には裁判所のほか、あっせん等を行う組織もある。消費者センターは行政組織でもあるが、あっせんを行うときは、この本では民事組織と考える。刑事組織には、警察、検察、裁判所がある。警察は行政組織でもあるが、刑罰の執行に向けた捜査を行う場合は刑事組織として考える。

業界団体、消費者団体、学会、専門家組織なども、重要な役割を果たす。

これらをこの本では自主組織と呼ぶことにする。これを表にしたものが、表序－1である。

4　規範の作り方と守り方

消費市場の問題に対応するための対策は、よい製品やサービスを消費者が選べるように機能する市場の規範を作り、守るためのものである。この規範の作り方と守り方について考えたい。

法で強制するものは、規範の一部分に過ぎない。[16] 消費市場の取引を正常に行うための規範を、規範の作り方と守り方という二つの切り口で分類してみた。規範の作り方は、立法とそれ以外の二通りに分ける。規範の守り方は、強制、圧力、良心の三通りに分ける。こうしてできたのが、表序－2である。なお、この表のうち、強制される規範のほとんどは立法されたものである。

表序－2 規範の作り方と守り方

作り方＼守り方	強制	圧力	良心
立法			
立法以外			

強制と圧力と良心は、規範をどのように支えることができるだろうか。それぞれに、どんな特徴があるだろうか。以下で解説する。

（1）強制

強制は強力である。しかし、実際に強制することは簡単ではない。法律で禁止しただけでは問題行動はなくならず、違反者の処分などの執行が必要になる。違法行為を放置すれば法に対する信頼感が失われるおそれがあるが、実際に処分などの法執行ができる数は限られる。[17] 消費者も、費用を考えると裁判に訴えて強制を求めにくい。

一方、消費市場での取引の数は膨大だ。消費者が購入する商品やサービスの価格は様々だが仮に平均千円だとすると、日本で年間約三百兆円ある民間消費の背景には、三千億件の消費者取引があることになる。仮にこのうち1％に何らかの問題があるとすると、三十億件の問題があることになる。また、商品やサービスの種類も多く、新しいものが次々に出てくる。数え切れない事業者があり、新規参入や廃業も頻繁に起きる。

そこで、問題の性質に応じてふさわしい強制のあり方を考える必要がある。市場に参加する各人の希望が相互の協力につながる方向でかなえられるように、支援するような強制はないか。こう考えて、強制によって規範が守られるようにする方法を以下の三つに分類した。

①協力しやすい構造を作る

取引が1回だけで終わるなら相手を裏切る市場参加者も、取引が繰り返される構造になると、自らの利益のために相手に協力するようになる。強制によって繰り返し取引の構造を作ることができれば、市場参加者が自らの判断で、相手のためになる行動をとることが期待できる。

②共通知識を作る

繰返し取引が少ない市場では、取引相手を理解して協力に至るまでに時間と費用がかかる。場合によってはその間に信頼感が低下して、協力がますます難しくなる。こんな市場で、もし何らかの共通知識ができると人々がこれに沿って行動する可能性が高い。共通知識を作るとは、単に「ある事実を知っている」ことを促す情報提供とは異なり、「『相手を含む皆がその事実を知っている』ということを自分を含む皆が知っている」ようにすることだ。[18] ここで、国が売り手からも買い手からも一定の納得が得られる規範を提示して強制すると宣言すると、この規範が共通知識となり、違反者への直接的な強制が少ない形で規範が守られることが期待できる。

③適切な行動を促す

前の二つの項目のような工夫ができない分野では、直接に適切な行動を強制するしかない。この場合、強制によって各自が適切な行動方針をとるような動機を与えることができるか、見極める必要がある。

（2）圧力

圧力は、規範を守らなかったら損をするようにするネガティブな圧力だけではない。規範を守ったら得になるようなポジティブな圧力も含む。[19]

圧力には、費用や手続きが少なく広範な適用が期待できる。たとえば各種の事業者団体、自主規制団体、消費者団体など幅広い自主組織の活動がありうる。消費者、投資家に対する効果も期待できる。消費者、投資家の行動は、法人やその経営者、雇用者の行動を促す圧力にもなる。

しかし、圧力には応じない悪質な事業者もある。このため、法による強制があってこそ圧力が働くということもある。たとえば消費生活センターのあっせんの圧力は、法違反に対して行政処分が行われる可能性があるという強制力に側面的に支えられている場合がある。圧力と強制の適切な使い分けが必要である。

圧力は、むやみにかけても効果は期待できない。各人の希望が相互の協力につながる方向でかなえられるような圧力なら、少ない費用で大きな効果が期待できるのではないか。こう考えて、規範を守る圧力を以下の三つに分類した。

①共通知識を作る

共通知識は、前述の「強制するという宣言」だけでなく、圧力によっても形成できる。目立つ形で一定の規範を示し、何らかの組織が人々に対してこの方向に沿って行動するよう圧力をかければ、強制がなくても規範の遵守を確保できる可能性がある。

②合意を促す

事業者と消費者の間のトラブルは、取引関係者間の情報交換が不十分で、信頼感が失われたことによって起きがちである。関係者が合意できるように働きかけることも、失われた信頼感をある程度回復して一定の相互協力をもたらす力になりうる。

③適切な行動を促す

法律には、強制せずに圧力をかける条文がある。法律がなくても、事業者が仲間同士で規範遵守に向けた圧力をかけ合うことがある。取引先や消費者の行動も、事業者によい行動を求める圧力となり得る。

（3）良心

個人にそれぞれ異なる性格があり規範意識があるように、企業にもそれぞれ異なる企業文化や内部規則があり、これらが他からの強制や明示的な圧力がなくても規範を遵守する動力として働く。この本では、このような性格や規範意識、企業文化や内部規則をまとめて良心と呼ぶことにする。[20]良心の喚起には幅広い効果が期待できる。まず、行政組織、民事組織、刑事組織に加え、自主組織の活動に大きな効果が期待できる。経営者／雇用者、消費者／投資家という個人に対して良心を喚起する効果も期待できる。

しかし、良心を喚起する効果が期待できる対象は、そもそも一定の良心を持つ相手に限られている。悪いことは十分承知で悪質商法を行っている確信犯には、良心の喚起の効果が及ばない。良心の喚起にばかり頼ると、良い事業者をより良い行動に導くことになっても、悪い事業者は放置することになる。このような状況が継続しては、良心的な事業者が意欲を失う。良心の喚起は、強制も行われ圧力も行使されるということによって支えられている。

また、良心の喚起にはリスクもある。たとえば、より新しく良質な製品を提供しようとする製造事業者の良心が、資源の浪費や環境の汚染を生むこともある。品質を見極めて購入するという消費者の良心が、風評被害や廃棄物の増加を招くこともある。このような意図せざる悪影響は強制や圧力でもありうるが、強制や圧力の方が外から見えやすく、批判も出やすいので是正されやすい面がある。良心の喚起は見えにくい上に、ある良心が多くの人に共有されてその集団が持つ文化となると、悪影響があってもこれに対処しにくくなる。

これらの特性を踏まえつつ効果をあげるには、どうしたらよいか。このような問題意識で、良心の喚起による規範の守り方を以下の三つに分類した。

①情報を提供する

情報を受け止めることによって、人は問題意識を持ち、自分がなすべきことについて考えることができる。適切な情報提供が、自分と相手の双方の利益になる形で判断し行動することにつながる。情報が提供され共有されることによって、市場の規範を遵守するための良心が喚起されることが期待できる。

②共通知識を作る

情報提供から一歩進み、ある規範について各自が知っているだけでなく、他の人々も知っているということを互いに知るようになると、この規範が共通知識になる。共通知識がうまい形で作られると、強制や圧力がなくても人々がこれに沿った行動をする可能性がある。

③切磋琢磨する

良心の喚起に重要な役割を果たすのは、人々が集まり切磋琢磨することである。問題意識を共有し、情報や経験を交換する中で、各自が適切な行動をとるよう互いに促すようになる。

5 まとめ

消費者相談から消費市場に様々な問題が起きていることを感じられる。これらに対処するためには、市場の規範が守られるようにする対策が必要である。

どんな問題にどんな対策が行われているのだろうか。消費市場が機能するために、誰が何をしているのだろうか。対策の主体は行政組織、民事組織、刑事組織、自主組織があり、対策の対象には法人、経営者・雇用者、消費者・投資家がある。規範には法とそれ以外があり、規範が守られるようにする手段には強制、圧力、良心の喚起がある。この枠組を踏まえ、以下では製品安全と取引の問題についてより具体的に見ていきたい。

第1章

製品安全

1　製品事故は増えているか

製品事故が増えているのかどうか、事実を見極めるのは難しい。製品安全関係の報道は2006年頃に大きく増えたが、事故は本当に増えたのか。それとも話題になっただけなのか。国に寄せられた製品事故に関する情報が増えたからといって、必ずしも製品事故が増えたことにはならない。以前は事業者から国に報告されなかった製品事故が、報告されるようになったせいかもしれない。重大製品事故の報告義務ができたのは、2007年5月以降のことである。[1] 製品安全関係の消費者相談件数も、製品事故の数を必ずしも反映しない。事故が起きても相談窓口には伝わらないことも多い。製品事故が起きたからではなく製品安全が話題になったために相談件数が増えたこともある。根拠の薄い情報に基づく相談もあり、クレーマーの存在も指摘される。[2]

個々の製品を見ると、技術の進歩により安全装置が加わるなど、以前の製品より安全になっているものが多い。たとえば、経済産業省がガス事業法に基づく報告等により調査した結果によれば、ガス風呂釜による一酸化炭素中毒の死亡事故は、1990年から1994年にかけては32名、2000年から2005年にかけては3名と、減少している。[3]

しかし、製品事故全体の数が実際に増えていることを示唆するいくつかの要因がある。以下ではここ数年の製品事故の事例から、事故の増加要因を挙げる。[4]

（1）製品事故の増加要因

①製品数や使用時間が増えた

家庭にある製品の数はかなり増えた。また、エアコンなど使用時間が伸びたものも多い。製品数や使用時間が大きく増えれば、一製品の単位時間当たりの事故率が多少減っても、事故が起きる可能性は高まる。

製品数や使用時間の増加は、家庭のエネルギー消費の増大からもうかがえる。２００９年度の家庭のエネルギー消費は、第一次エネルギー危機前の１９７３度年の二倍以上となった。経済が伸び悩んだと言われる１９９０年度以降でも、家庭の電力消費は２００９年度までに55％増加している。[5] この間、冷蔵庫やエアコンなどのエネルギー効率はかなり改善した。それでもエネルギー消費がこれだけ増えたのは、エネルギーを消費する製品の数や使用時間が大きく増加したからだ。

②複雑になった

新製品には、それ以前の製品よりも構造が複雑なものが多い。施工事業者や修理事業者にとっても扱いが難しい場合がある。

たとえば、昔の便器は比較的単純な陶磁器であり、便器による製品事故は考えにくかった。今は、多くの家庭で、電気を使って便座を暖め、お尻を洗う機能が加わった便器が使われている。水分が飛び散るという電気製品にとっては厳しい環境の中で、毎日複雑な機構が動いている。このような便器で、コードがねじれたり切れかかったりして発火する事故が起きた。電源プラグに汚水がかかって発火する事故も起きた。

洗濯物の乾燥で起きた事故もある。洗濯物を日光で乾かすための物干しで製品事故が起きるとは考えにくいが、洗濯物を電気やガスを使って乾燥すると、事故の危険性は格段に高まる。浴室暖房乾燥機は、設置工事での電線の接続が不適切で、様々な機種で焼損事故が発生した。洗濯乾燥機では、機器の発火によるリコールがあったほか、オイルのしみこんだタオルが乾燥中に発火する事故も繰り返し起きている。

2006年に問題になった瞬間湯沸器による一酸化炭素中毒の事故では、この製品が出回った頃にはんだ割れによる不具合が多発し、この不具合を回避するために安全装置が動かないようにする修理が行われていた。製造過程での問題に加え、当時の修理事業者も安全装置の機能について十分認識していなかった。[6]

③高機能で小型になった
製品の品質がある意味で良くなったことが事故につながったこともある。高機能化と小型化の急速な進展に伴う事故である。

問題になったのは、パソコンや携帯電話に使われるリチウムイオン電池の発火である。パソコンや携帯電話の軽量化、小型化と、充電容量の拡大や充電時間を短縮するための技術革新に、安全性の確認が追いつかなかった。

④使い方を覚えにくくなった

家の中にある製品の数が増え、複雑になって機能が増えると、使う人の注意が行き渡りにくくなる。正しい使い方を覚えきれないのだ。こうして起きた事故がある。電子レンジで加熱するタイプのあんかが破裂した事故や、風呂に浮かべる幼児用の浮き輪での溺死は、新しい製品の使い方に対する注意が十分でなかった。

家庭には、家電、ガス・石油機器、水道・トイレ関連機器、衣類、洗剤、調理用品、寝具、家具等の多種類の製品があり、それぞれの製品に使用上の注意がある。取扱説明書に記載される注意事項は増えた。1人の人間が、使用上の注意のすべてを記憶し身につけて実行することは難しい。パソコンや携帯電話など多機能の商品が増える中で、取扱説明書は分厚くなり、すべてを読むことは難しくなった。

製品の種類が増えるということは、家によって、または時代によって、違う製品が使われるということでもある。これまでの暮らしで慣れてきた製品の使い方が、安全でないこともある。安全性を確保した製品に囲まれた暮らしの中で、安全な使用方法が忘れられることもある。

たとえば、燃焼には空気が必要で、換気しないと不完全燃焼を起こして一酸化炭素中毒になり死んだり脳に障害を負ったりする危険があるが、この認識を持たない人がいる。アルミサッシがない時代にすきま風で自然に換気できる家で育ってきた高齢者が、機密性の高い住宅で昔と同じように火を使うとあぶない。一方、屋外式の湯沸器があって蛇口をひねればお湯が出て、スイッチを入れれば自動的にお風呂が沸く家で育った若い人も、換気を気にせず暮らしている。オール電化住宅で育った人は、火を使うことを暮らしの中で経験していない。こういう人が進学や就職や転勤で独り暮らしを始め、アパートの屋内に設置された開放式のガス湯沸器を使い始めるとあぶない。エアコンや床暖房に慣れた人が石油ストーブを使うときも、同じような問題がある。

製品が新しくなっていることに認識が追いつかない場合もある。たとえば、新しい便器は複雑な配線や動く機構を持つ電気用品だということに、なかなか気がつかない。プラスチック部分にクレンザーや酸・アルカリ性洗剤を使ってはならないことは、あまり知られていない。

毎日起きてから寝るまで続く日常生活の中では、注意を持続することが職場よりも難しい。使用上の問題で永年にわたり多発している事故に、こんろに天ぷら油をかけたままその場を離れて出火する事故がある。このほかにも使用上の問題で発生した事故は多い。

⑤使う人が変わった

以前からある製品でも、使う人が変わったことで事故が起きることもある。たとえば、小型キッチンユニット用の電気こんろで、火災が相次いでいる。こんろの飛び出したつまみに体や鞄などが知らない間に触れてスイッチが入り、上に置いていた物に燃え移って出火する事故である。この背景には、台所を使わないつもりでこんろの上を物置として使う消費者が相当数現れたことがある。ワンルームマンションに住む男性などだ。台所のこんろは以前は主に主婦が使っていたが、今はそうとは限らない。

企業が製品の取扱を注意する広報資料には、エプロン姿の若奥さんがよく登場する。しかし、労働力調査によると、2010年に25歳から34歳で仕事をせずに家事をした人の数は、196万人だった。[7] 2010年の人口1億2700万人の1・5％にすぎない。15歳から64歳までを合わせても、仕事をせずに家事をした人は1075万人、人口の8・5％である。主婦が表紙になったパンフレットを自分のこととして感じられない人は、多いのではないか。[8]

以前は家庭になかった機器が、家庭で使われるようになったことに関連する事故もある。シュレッダーで幼児が指を切断する事故の背景には、以前は大人しかいない職場で使われていたシュレッダーが家庭でも使われるようになり、家庭用の小型製品が多く出回ったことがある。ちょうど幼児が立ち上がって手を触れるところに、シュレッダーの紙投入口があった。[9]

子どもには、使用上の注意を守ることが期待できない。たとえば玩具でも、幼児なら興味を持てばすぐ口に入れるという「誤使用」が広くみられ、窒息事故が起きた。子どもがライターで遊んで火事になる事故も、繰り返し起きた。

高齢者も、使用上の注意を守りにくく、事故への対処が困難である。たとえば高齢者が介護用ベッドに首や手足を挟む事故や、電動車いすを使っていて起きた事故が報告されている。高齢者の独り暮らしも増えている。65歳以上の一人世帯の数は、2005年に400万を超えた。[10]

また、高齢の主婦が認知症などで働けなくなり、夫が家事を行うことになって製品を使うケースもある。この場合、取扱説明書の所在は往々にしてわからない。わかったとしても読む余裕がないままに、家中にある多くの製品を扱う事態となりがちである。製品の多くは古く、いつ買ったかもわからない。

⑥古くなって劣化した

古くなって劣化した製品で起きた事故が増えている。約20年使用した石油温風暖房機で、一酸化炭素中毒事故が起きた。暖房機の内部で空気を流すエアホースが劣化して、亀裂ができていた。[11] 約20年使用した浴室用電気乾燥機の発火から、火災になったこともある。浴室の湿度の高い空気が機器の中に入って、機器と熱源電線の接続部が腐食していた。

製造後30年経った扇風機から出火して老夫婦が死亡した事故も起きた。石油ストーブやふろがまの部品が劣化して灯油が漏れ、そこに火がつくという事故も繰り返し起きている。

日本の家庭に、20年以上前、経済が成長し収入が増加していた時期に購入された製品は多い。これらの製品が古くなるにつれて、劣化による事故が増えた。

⑦価格が下がった

製品の低価格化が背景にあると思われる事故もある。特に安価な製品では、事故が起きてもその製品を製造・輸入・販売した事業者が何も対応しない例がみられる。

たとえば近年、安価な暖房器具であるハロゲンヒーターからの出火が多発し、多くの製造・輸入事業者がリコールをした。一方で、製品事故が起きても倒産したり行方不明になったりした事業者もある。輸入事業者がリコールに対応できず、特定の販売事業者が自ら販売した製品に限ってリコールしたケースもあった。[12]

電気床暖房では、あるメーカーの比較的安価な製品で異常発熱によるフローリングの焦げや変色が数十件発生した。このメーカーは無償点検・改修を始めたがなかなか進まないまま、破産手続きを開始した。

輸入された低価格品でも、リコールが継続して行われている例もある。多数の出火事故[13]が起きているある輸入シェーバーの充電器では、事業が他の事業者に引き継がれ、リコールが続いている。

⑧売り方が悪かった

取引方法の問題が製品安全の問題となることもある。

あるディスポーザーのマルチ商法では、商品が一度使われた物である可能性があるのにそのことを言わず販売した。また、販売する人が自ら製品を修理・清掃して売る可能性があるのに、そのことを言わないまま新しいメンバーを勧誘していた。[14] ある日用雑貨、化粧品等のマルチ商法では、他社の製品には毒があり自社製品だけが安全だと合理的な根拠なしに告げていた。[15] インターネットの通信販売で、安全上の配慮を行っていないことが疑われる製品が販売されることもある。

(2) 安全な製品を売れない市場

複雑な製品、新しい製品では、消費者が安全性を見極めることが難しいことが多い。たとえば浴室暖房乾燥機を買う前に製品の安全性や施工業者の注意力を見極められる消費者は、ほとんどいないだろう。

また、リチウム電池の場合、普通の消費者は、パソコンや携帯電話の価格や性能について考えても、その中のリチウム電池については購入したという意識も持たない。このような市場でも、安全性の高いリチウム電池が選ばれることにはならない。

多数の発火事故が起きたハロゲンヒーターの場合、商品の安全性について、多くの消費者は情報をほとんど持たなかった。このような市場では消費者は価格だけを見て買うことになる。そうなると、安い商品しか売れない。

製品の安全に関する情報が伝わらない市場では、安全にかかわる費用を削減して価格を下げる事業者がシェアを伸ばす。こうなると、競合する事業者も、株主や従業員に対して誠実・善良であろうとすれば、価格競争の中で品質管理費用や製品事故対応の人員を削減する判断を迫られる。

もし、製品の品質や事業者の評判などの情報がよく伝わるなら、事故を起こした製品を売った事業者の顧客が減って、安全な製品を売った方が利益が大きくなることもあるだろう。しかし、商品数が増え、新製品が次々に出て、事業者も多様化したため、品質や事業者などの情報が伝わりにくい市場になった。また、無名の事業者の製品事故は、よほど深刻でないと報道されにくい。このような市場で製品安全のための対策が何も行われなければ、よいものを売るという規範が崩壊してしまう。安全な製品を市場に出しても買ってもらえず、安全性を犠牲にしてまでもコストダウンを図った製品だけが市場に並ぶことになりかねない。事故が起きた製品の製造事業者や輸入事業者は、わざと事故を起こすような危険な製品を販売したわけではない。消費者は、自ら望んで危険な製品を買ったり、誤使用したりするはずがない。しかし、故意でないからといって安全性が確保されていない商品を放っておくと、消費者が事故にあうだけでなく、市場が機能しなくなる。
では、どうするか。以下では、安全な製品を提供する事業者が報われる消費市場を築くための対策について、強制、圧力、良心の順に紹介する。

2 強制

(1) 協力しやすい構造を作る

①事業者名の表示

取引の相手が相互に協力するためには、相手が誰か、正しく判別できる必要がある。事業者が事故に適切な対処をしなくても、事業者名が不明なら悪評は伝わらない。規範遵守への圧力もかからない。事業者名の表示は、協力の必要条件である。

良心的な事業者は、国が強制しなくても名前を表示するが、すべての事業者がそうとは限らない。故意に事故を起こそうとする事業者はいなくとも、安全性への配慮が乏しく事故を起こした製品の製造・輸入事業者は存在する。このような事業者が名前も不明では困る。

そこで、消費生活用製品安全法、電気用品安全法、ガス事業法などで指定された製品には、事業者名の表示が義務づけられている。[16] これによって、消費者は、取引に満足すれば同じ事業者と取引を繰り返す一方、何か問題が起きた場合は、事業者の悪い評判を広げたり代金の返還や損害賠償を求めたりすることができる。
しかし、企業は永遠に存続するわけではない。事故が起きた製品の輸入事業者が廃業し他の企業が業務を引き継いだ例や、行方不明になった例もある。事業者名の表示は協力構造を作る第一歩にすぎない。

②重大な製品事故の報告・公表

製品事故の情報が広く伝わることは、事故防止に役立つ。製品事故は、製造・輸入事業者が次の事故を防ぐ行動をとる上で有益な情報を多く含んでいる。たとえば設計上の問題や、施工の注意等である。消費者の注意を喚起する効果もある。一部の良心的な事業者は、強制がなくても自発的な事故を発表し行政関係者に報告してきた。しかし、多くの事業者は、義務づけられなければ事故を報告しない。[17] 悪質な事業者は、事故を隠すのみならず、偽りの安全情報を流布するおそれがある。また、行政の一部に入った情報が公表されず、製品安全に生かされないという問題もあった。

数多い製品事故のすべてについて事故情報の報告や公表を強制することは、現実的でない。小さな事故情報も含めて報告を強制し公表すると、それに要する費用が効果を上回るおそれがある。情報が多すぎるとかえって大事な情報が見えないこともある。しかし、製品事故が死亡や後遺障害など重大な結果をもたらしたとき、その情報の報告や公表を強制することには意味がある。

そこで、重大な製品事故を知った製造・輸入事業者に報告を義務づけ、国がその情報を公表するため、２００６年に消費生活用製品安全法が改正されて、２００７年5月から施行された。消費生活用製品の製造事業者又は輸入事業者は、自らが製造又は輸入した消費生活用製品について重大製品事故が起きたことを知ったときは、10日以内に国に報告しなければならない。報告には、事故が起きた製品の名称と型式、事故の内容、その製品の製造又は輸入数量などを含む。この報告先、公表主体の「国」は、制度開始時は経済産業省だったが、２００９年9月に消費者庁ができてからは、消費者庁になった。[18]

（2）共通知識を作る

①強制規格

製造事業者も輸入事業者も販売事業者も、自社製品の事故は避けたい。消費者も、もちろん事故は避けたい。ここで、消費者と事業者の利害は一致している。しかし、具体的にどの製品が安全か見極めることは、消費者にも販売事業者にも難しい。市場には正しい情報が必ずしも流れないため、市場で安全な製品が選ばれてシェアを伸ばしていく過程には、時間も費用もかかる。そこで、国が安全のために規格を作って販売事業者にも強制すると宣言して周知すれば、製造・輸入事業者はこれに従って製品を製造・輸入し、全体での調整の時間と費用を下げることが考えられる。

たとえば、小売店が安全な製品を仕入れるための時間と費用を考えてみよう。消費者に安全でない製品を売った小売店は、評判を落とし、ひょっとすると損害賠償を求められるかもしれない。これを避けるには、安全な製品を見極めて仕入れるしかない。しかし、複雑化した製品の安全を見極めるのは、小売店のプロでも容易ではない。費用もかかる。時間をかけて安全性を見極めることは、次々に新製品が出る市場では特に難しい。

国が安全のための技術基準を定めて製造・輸入事業者に義務づけ、製造・輸入事業者がこの技術基準を守っているというマークをつければ、販売事業者はこのマークを確認することで一定の安全を確保することができる。国はこのマークがついた製品しか売ってはならないと販売事業者に強制するが、販売事業者にもこの強制に従う動機がある。安全な製品を見極める費用と時間を節約するという動機だ。販売事業者が国の強制に従ってマークのある製品しか売らなくなれば、製造・輸入事業者も製品にマークをつけるしかない。

悪質な製造・輸入業者が、技術基準を守らないのにマークをつけるという違反はありうる。しかし、このような違反は商売になる数のロットの製品全体で行わなければ利益が出ないが、規制に違反したことが発見されてロット全体が販売できなくなるリスクは大きい。また、技術基準に違反した製品が事故を起こせば、事業者の責任は明白だ。法がきちんと執行される市場なら、意図的な技術基準違反は割に合わない。

ただし、技術進歩に柔軟に対応するという観点からは、国による強制には問題もある。法令で細かく定めてしまうと、よりよい技術ができても法令が改正されるまで使えないからだ。

そこで、安全のために強制規格が必要な製品について品目を指定し、その品目についてのみ、国が技術基準を作って強制することが行われている。日本では、四つの法律に、製品安全のための強制的な規格が定められている。消費生活用製品安全法、電気用品安全法、ガス事業法、液化石油ガス法である。それぞれの法律に基づいて、品目が指定され、守るべき技術基準が定められている。

法律に定められた品目を製造又は輸入する事業者は、製品が技術基準を満たしていることを自分自身が確認して、製品にマークをつける。消費生活用製品安全法に基づく製品ならＰＳＣ、電気用品安全法ならＰＳＥ、ガス事業法ならＰＳＴＧ、液化石油ガス法ならＰＳＬＰＧのマークである。技術基準を満たしていることについて第三者の認証が必要な品目もある。販売事業者は、指定された品目については、マークのない製品を売ってはいけない（図１－１）[19]。

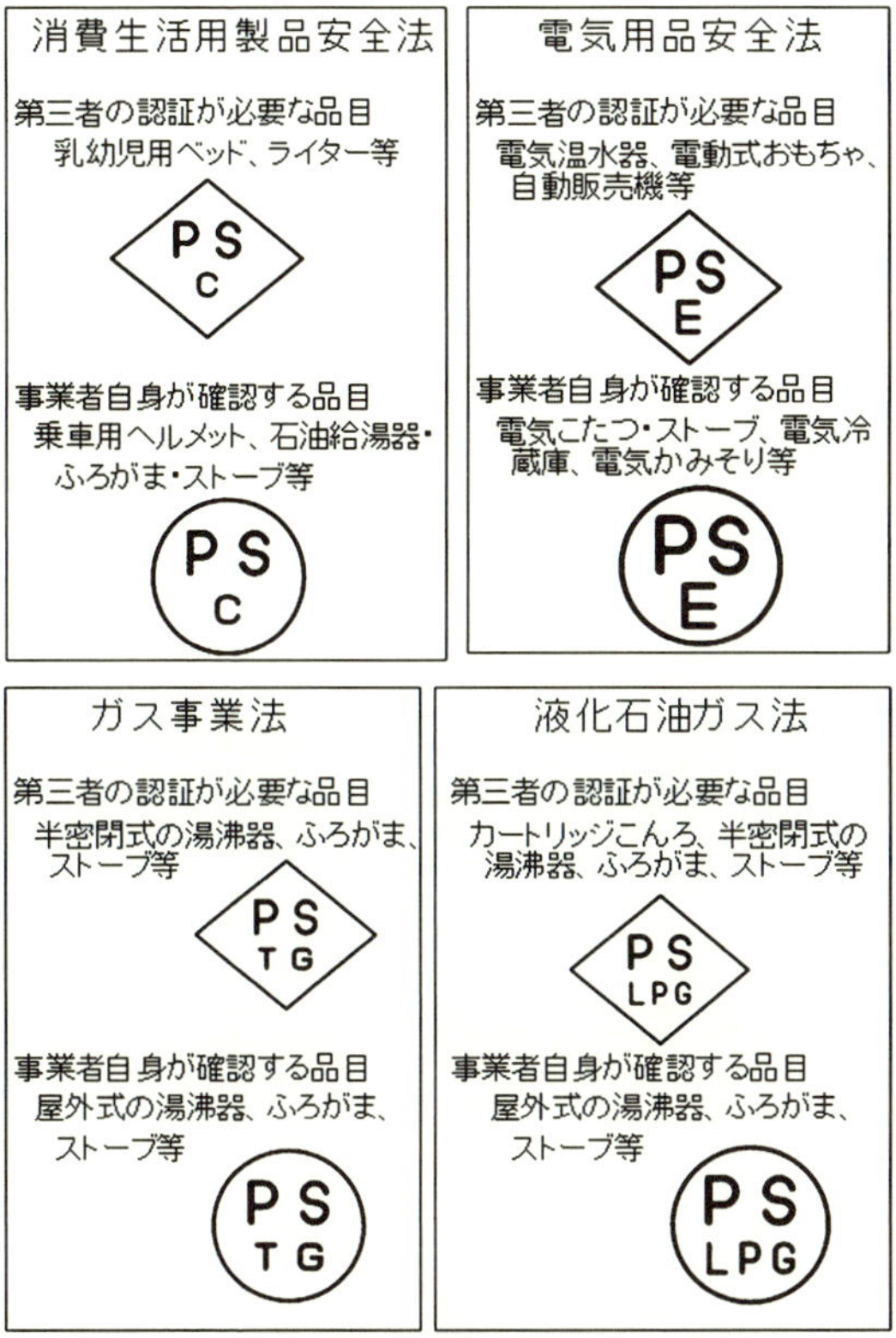

図１－１　製品安全の強制規格のマーク

たとえば、家庭用シュレッダーでは、幼児の指切断事故を受けて、２００７年に電気用品安全法に基づく技術基準が変更された。事故が起きた時点での電気用品取締法に基づく技術基準では、成人の指を想定し、太さ１・２センチメートルの模型の指が入らない構造とすることとなっていた。これに加え、より小さな子どもの指の模型を作り、この指を入れても刃に触れないようにすることが義務づけられた。[20]

ノートパソコンや携帯電話で多く使われているリチウムイオン蓄電池については、発火・発煙事故が増えてきたことを受けて、２００８年に電気用品に指定され、技術基準が作られた。２００８年11月20日以降に製造・輸入されたものは、ＰＳＥマークがある製品しか売ってはいけない。[21]

家庭用のガスこんろでは、てんぷら油の過熱などによる火災が年間数千件起きてきた。最近は、消費者の誤使用であっても、現に重大事故が起きており、その事故が予見可能で、一定の安全対策によって予防可能と考えられる場合には、製造・輸入事業者は事故防止について配慮すべきと捉えられるようになってきた。このため、家庭用ガスこんろに「調理油過熱防止装置」と「立ち消え安全装置」をつけることを義務づけた技術基準が定められ、２００８年10月日に施行された。一年間の猶予期間を経た２００９年10月１日からは、この技術基準を満たすことを示すＰＳＴＧ又はＰＳＬＰＧマークがある製品しか売ってはいけないことになった。[22]

浴室電気乾燥機の施行不良による事故を防ぐためには、人手で電線をねじってより合わせて接続するのではなく、端子などで接続するようにした。このために、２００９年９月11日に電気用品安全法の技術基準の改正が行われ、２０１０年９月１日に施行された。この改正では、電気床暖房について、電熱シートの温度上昇を実際の施工を模した条件で耐久性を含めて試験する方法も定められた。[23]

家庭用の石油給湯器、石油ふろがま、石油ストーブは、２００９年４月１日に、消費生活用製品安全法の「特定製品」（規格に適合していることを事業者自身が確認する品目）に加えられ、空だき防止装置の設置、カートリッジタンクのふたの改善などの技術基準が施行された。販売についての猶予期間を経て、２０１１年4月1日からは、ＰＳＣマークがある製品しか売ってはいけない。[24]

２０１０年には、ライターが消費生活用製品安全法の「特別特定製品」（規格に適合していることについて第三者の認証が必要な品目）に指定された。ライターを子どもが簡単に使えないように、チャイルド・レジスタンスと呼ばれる機構などを義務づける改正が、２０１０年12月27日に施行された。２０１１年9月27日以降は、ＰＳＣマークのあるライターしか販売してはいけない。[25]

しかし、製品は変わり続けている。次々に新製品が発売され、既存の製品も改善できる技術が開発される。このような市場の変化や技術進歩に遅れないように国の規格を変化させ続けることは、容易なことではない。どこまで個別の製品に応じた具体的な規格を定め、改訂し続けるか。あるいは、性能や試験方法を定めて、具体的な設計はより自由にするか。国際規格との整合性を、どう確保するか。課題は多い。

２０１０年5月、経済産業省の産業構造審議会消費経済部会製品安全小委員会で、電気用品安全法の技術基準の体系等について見直す方針が示された。[26] これを受けて、製品評価技術基盤機構（ＮＩＴＥ）を事務局とし、学識経験者、業界団体、消費者団体から構成される「電気用品の安全に関する技術基準等に係る検討委員会」が設置され、検討されている。[27]

②長期使用製品の点検・表示

古くなった製品が劣化して起きる事故がある。製品は一定の古さになれば劣化し危ないかどうか見極める必要があるということは、多くの人が共有する考えだと思われる。しかし、これを実践することは難しい。家の中にある製品は多い。何が古くなっているか、古くなったらどれほど危ないのか、認識しにくい。製造・輸入・販売事業者も、古くなって劣化した製品による事故を防ぎたい。しかし、どの消費者がどれくらい古くなった製品を持っているのかわからなければ、防ぎようがない。古くなった製品を使い続けるなら、点検をして事故を防ぎたい。この点について、消費者と事業者の利害は一致している。

しかし、具体的にいつ何をすればよいか、消費者と事業者が合意することは難しい。合意できるとしても、時間や費用がかかる。特に、製品の点検は悪質商法が勧誘の入り口としてよく使う手口であるため、消費者は事業者を信頼しにくい。

そこで、対策が作られた。２００７年に消費生活用製品安全法が改正されて２００９年４月から始まった「長期使用製品安全点検・表示制度」である。[28] ２００５年頃から経年劣化による事故が次々に報告される中で、検討され実現した制度である。この制度には、点検制度と表示制度の２種類がある。

まず、経年劣化により安全上支障が生じ、特に重大な危害を及ぼすおそれの多い品目についての「長期使用製品安全点検制度」がある。対象は、屋内式ガス瞬間湯沸器（都市ガス用、ＬＰガス用）、屋内式ガスふろがま（都市ガス用、ＬＰガス用）、石油給湯機、石油ふろがま、密閉燃焼式石油温風暖房機、ビルトイン式電気食器洗機、浴室用電気乾燥機である。なお、２０１１年7月1日から製造・輸入されるガス給湯暖房機のうち屋内に設置されるものは、「屋内式ガス瞬間湯沸器」に含まれることになった。

これらの品目の製造又は輸入事業者は、製品に設計標準使用期間や点検期間を示す表示をつけなければならない。これらの製品を購入するときは、所有者の登録をする。点検期間がくると、製造・輸入事業者は所有者に点検時期が来たことを通知する。通知には、点検料金の内訳や金額の目安も記載しなければならない。製造・輸入事業者には点検を行う体制を整備する義務がある。点検を依頼すると、製造・輸入事業者は、有償でこれに応じる。

同時に、経年劣化による重大事故発生率は高くないものの、事故件数が多い製品について、消費者等に長期使用時の注意喚起を促すため「長期使用製品安全表示制度」もできた。対象は、扇風機、エアコン、換気扇、洗濯機、ブラウン管テレビである。これらの製品には、製造年、設計上の標準使用期間などの表示が義務づけられた。

これらの制度は、今後購入される製品が劣化していった時、事故を防ぐ上で役立つことが期待されている。

(3) 適切な行動を促す

①損害賠償

製品事故による被害が出た場合、民事訴訟によって損害賠償を求めることができる。訴訟には、民法のほか、製造物責任法が使われることもある。1995年7月に施行された製造物責任法については、消費者庁のサイトに一般的な解説がある。[29] 国民生活センターのサイトには、製造物責任法による訴訟が掲載されている。[30]

２０１０年6月、15年ぶりに発行された「消費者法判例百選」には、製品安全に関係する主な判例が掲載されている。たとえば、電気ストーブの使用による化学物質過敏症を被害と認めた判例がある。[31] また、輸入製品である電気ストーブの使用により発症した被害について、販売者の不法行為責任を認めた。製造物責任法にいう欠陥を認めるかどうかについては、二つの判例が掲載されている。一つは、幼児用自転車で指示・警告上の欠陥を認めた判例である。[32] もう一つは、介護用ベッドで背上げ、膝上げを行っていた利用者が、ベッドの欠陥による胸部や腹部の圧迫で死亡したとして請求された損害賠償が棄却された判例である。[33]

重大な製品事故が起きた場合、民事訴訟による損害賠償が適正に判断され行われることは、消費者を守るだけでなく、安全な製品を提供する事業者を市場で有利にする効果がある。

②製品の回収命令

消費生活用製品安全法には、重大事故の報告義務のほか、危害防止命令に関する規定もある。国は、製品事故による消費者に対する重大な危害を防止するために特に必要な場合、製造事業者か輸入事業者に対して製品の回収などを命じることができる。

この規定に基づく国からの命令が出されたことは、２回ある。２００５年11月29日に石油温風暖房機について出された命令と、２００６年８月28日にガス瞬間湯沸器について出された命令である。[34] いずれも一酸化炭素中毒という重大な被害を避けるために必要とされたものだ。
しかし、国からの命令が出されるのはごく限られた場合である。製品回収は、基本的には事業者の自主的な判断によって行われている。

3 圧力

(1) 共通知識を作る

①JISマーク

事業者と消費者がともに製品事故を防ぎたいと考えている製品安全の分野では、圧力が有効に働く。安全に配慮した規格を守って作られた商品にマークをつけることは、製造事業者が安全な製品を作るための圧力になる。また、このようなマークは、流通事業者や消費者に、これを見て購入するように圧力をかけているとも考えられる。

多くの製品や部品、試験方法や品質管理手法などについて、強制ではない任意の規格が定められている。これらの規格には、製品安全を確保するための市場の規範の遵守に向けた圧力を加える上で役立っているものが相当ある。

JIS（日本工業規格）は、工業標準化法に基づく日本の代表的な規格である。個々のJISは、関係者によって原案が作られ、経済産業省に設置された審議会である日本工業標準調査会で審議され、担当大臣が制定する。[35] JISマーク表示制度は、国に登録された認証機関が、製造工場の品質管理体制を審査し、製品がJISに適合していることを試験することにより、JISマークの表示を認める制度である。JISマーク表示については、国内及び海外の製造事業者がその工場について申請することができるほか、海外にある工場について、品質管理実施状況を把握していて現地調査が可能であれば、販売業者や輸出入業者が申請することもできる。[36]

製品にJISマークを表示するかしないかは任意であり、強制ではない。しかし、JISマークをつけることで、その製品を購入してもらえる可能性が高まる。たとえば流通事業者が製品を仕入れるときに、JISマークのついた製品を選ぶかもしれない。住宅メーカーやサービス事業者が設備機器を購入する時も、JISマークのついた製品を選ぶかもしれない。消費者にとっても、JISマークは商品選択の際に一つの判断要素となりうる。JISマーク制度の存在は、安全をはじめとする品質確保に向けた効果的な圧力となっている。

経済産業省は2008年、「手動車いす」、「電動車いす」、「在宅用電動介護用ベッド」について、JISマークの表示を新設した。具体的には、これら三つの福祉用具に関する認証指針を認証機関の集まりであるJIS登録認証機関協議会で決定し、公表した。[37] 規格では、実際の事故を想定した対策を定めている。これらの製品については、一目で福祉用具とわかるように、図1－2のように通常のJISマークの近くに「福祉用具」という文字とデザインが付記される。

販売事業者が仕入れの際にJISマークを参考にすることは、製造・輸入事業者にJIS基準に合致した製品を供給させる圧力として働く。福祉施設の管理者や消費者が購入する時にJISを参考にする場合も、同様である。

②ＳＧマーク

製品安全の規範遵守に向けた圧力を提供する任意規格のマークには、事故が起きた場合の損害賠償が付いているものがある。損害賠償が付いたマークの例として、ＳＧマーク（図１−３）がある。ＳＧマークは、製品安全協会が定めた安全基準への適合を協会が認証したことを示すマークである。製品安全協会は、１９７３年６月に消費生活用製品安全法が公布された後、同年10月にこの法律に基づく特別認可法人として設立され、その後の法改正に伴い、２０００年12月に財団法人となった。

図１−２　福祉用具分野のＪＩＳマーク

図１−３　ＳＧマーク

ＳＧマークの対象は、ベッドやいす等の乳幼児用品、棒状つえ等の福祉用具のほか、家具・家庭用品、台所用品、スポーツ・レジャー用品、家庭用フィットネス用品、園芸用品、自転車用品、乗車用ヘルメット等である。ＳＧマーク付き製品にもし欠陥があって人身損害が発生し、欠陥と人身損害の間に因果関係があると認められる場合には、最高一億円までの賠償措置が講じられる。[38]

損害賠償制度のあるマークは、ＳＧマークのほかにもある。玩具については日本玩具協会が実施するＳＴマーク、おもちゃ花火については日本煙火協会が実施するＳ

Ｆマークがある。ガス漏れや不完全燃焼の警報器についての検定合格証にも、賠償制度がある。[39]事故の際には損害を賠償する制度があるということは、流通事業者や消費者に、このマークがついた製品を購入する動機を提供する。このことが、製造事業者にも、マークをつける動機となる。これらの制度も、一定の規範を守れば評価され利益になるという圧力として機能している。ただし、このような表示の効果は、それが世の中にどれほど知られ、評価されるかによって異なる。国民の関心が高ければ圧力は大きくなるが、関心が薄れると、効果はそれほど期待できない。

（2）合意を促す

①ＰＬセンターのあっせん、調停

製品分野別の裁判外紛争処理機関として、ＰＬセンターがある。[40]ガス石油機器、家電製品、玩具等、分野別に設けられた各ＰＬセンターが、製造物責任に関連する案件で、消費者相談や調停などの紛争処理を行う。

例として、製品安全協会内の独立の組織として設置され、乳幼児用品、高齢者用品、スポーツ・レジャー用品などの消費生活用製品を対象とするＰＬセンターを見てみよう。ここでは、まず消費者の相談に乗って相対交渉を促進し、これがうまくいかなければ必要に応じてあっせんを行う。これも不調に終われば、弁護士、技術専門家や消費者問題有識者により構成される判定会で調停を行う。[41]

この調停は当事者を拘束するものではない。しかし、多くは両当事者の理解を得て解決に至っているという。[42] ＰＬセンターのあっせんや調停は、規範を強制するのではなく、規範遵守に向けた圧力をかけるものと考えられる。

②消費生活センターや消費者団体のあっせん

地方自治体の消費生活センターや消費者団体も、製品事故に関連するあっせんを行うことがある。ただ、これらの組織によるあっせん事例は、製品安全関係よりも悪質商法関係の方が多い。このため、第２章の取引のところで紹介する。

（３）適切な行動を促す

①法による圧力

ⅰ）法の責務規定

製品安全の分野の法律には、強制するのではなく圧力をかけると考えられる条文がある。特定の行動を強制せずに促すとき、これを「責務」や「努力義務」と呼ぶことがある。

消費生活用製品安全法の製品事故の情報に関係する規定を見てみよう。法で強制する部分としては製造事業者と輸入事業者に重大製品事故の報告義務があるが、このほかに、以下のような規定が置かれている。

（事業者の責務）

第三十四条　消費生活用製品の製造、輸入又は小売販売の事業を行う者は、その製造、輸入又は小売販売に係る消費生活用製品について生じた製品事故に関する情報を収集し、当該情報を一般消費者に対し適切に提供するよう努めなければならない。

2　消費生活用製品の小売販売、修理又は設置工事の事業を行う者は、その小売販売、修理又は設置工事に係る消費生活用製品について重大製品事故が生じたことを知ったときは、その旨を当該消費生活用製品の製造又は輸入の事業を行う者に通知するよう努めなければならない。

まず、重大でないものも含む製品事故に関する情報の収集と提供についての規定がある。製造事業者、輸入事業者、小売販売事業者に、情報収集・提供に努力するよう求めている。強制するのではない、圧力をかける条文だと考えられる。

次に、小売販売業者などが重大製品事故を知った時の対応についての規定がある。自社製品の事故を知った場合、製造事業者と輸入事業者は国に報告することを強制されるが、小売販売、修理、設置事業者は違う。小売販売業者などが自分が扱った製品による重大事故を知ったときは、その製品の製造事業者か輸入事業者に知らせるように求められる。これも、強制ではなく圧力をかける条文だと考えられる。

また、製品事故が起きた時の対応については、以下のような規定がある。

（事業者の責務）

第三十八条　消費生活用製品の製造又は輸入の事業を行う者は、その製造又は輸入に係る消費生活用製品について製品事故が生じた場合には、当該製品事故が発生した原因に関する調査を行い、危害の発生及び拡大を防止するため必要があると認めるときは、当該消費生活用製品の回収その他の危害の発生及び拡大を防止するための措置をとるよう努めなければならない。

2　消費生活用製品の販売の事業を行う者は、製造又は輸入の事業を行う者がとろうとする前項の回収その他の危害の発生及び拡大を防止するための措置に協力するよう努めなければならない。

製造事業者、輸入事業者は自社製品で事故が起きたら原因を調査し必要があればリコールなどを行うよう、販売事業者はこれに協力するよう求めている。これも、強制ではなく圧力をかける条文と考えられる。

このような条文に違反しても、行政処分や刑事罰が執行されるわけではない。民事裁判では考慮されることがあるかもしれないが、日本でそのような裁判が多いとは考えにくい。このような条文は、関係者の努力すべきことを示し、圧力をかけることで、規範の遵守を期待する規定だと考えられる。

ⅱ）強制する法の規定自体による圧力

何かを強制する法の条文は、それが実際に強制されなくとも存在するだけで圧力をかける効果を生む場合がある。特に製品安全分野では、悪質商法の場合と異なって事業者も製品事故を避けたいと思っているため、圧力に応じる場合が多い。

たとえば、製造物責任法の制定以降も製造物責任訴訟はそれほど増加したわけではないが、だからといってこの法の意義が乏しいとは必ずしも言えない。この法律ができたことによって、製造事業者等が安全管理体制の見直しと消費者対応の体制整備にとりかかった。また、業界が設置した裁判外紛争機関に多くの相談が持ち込まれ、紛争解決に要する時間も短縮したという。[43] このことは、製造物責任法が事業者やその団体に、規範遵守に向けた圧力として働いたことを意味している。

また、消費生活用製品安全法に基づく国からの回収命令も、その存在によって事業者に適切な回収に向けた圧力をかけていると考えられる。この命令は、これまで二回しか出されていないが、それ以外の時も、このような回収が義務づけられているという法の規定が圧力として働いていると考えられる。

ⅲ）法規定の解説：リコールハンドブック

強制されない法の規定が効果をあげるためには、その内容が十分に理解されることが必要である。強制される法の規定自体の圧力が働くためにも、内容が広く理解される必要がある。

製品回収に関する法の規定が強制でない形で効果を生むためには、製品回収の意味や方法について、より具体的に示されることが有益である。このため、リコールに関するハンドブックが作られている。多くの企業で、リコールに関する社内の経験は限定される。そんなリコールを適切に行うために、日本中の様々な分野でのリコールの経験を生かしたハンドブックが役に立つ可能性がある。

消費生活用製品安全法が改正され、重大事故の報告義務やこの章で述べた責務規定が２００７年

5月から施行されるのを前にして、経済産業省は「消費生活用製品リコールハンドブック2007」を発表した。このハンドブックは、リコールの具体的な方策を知らせることにより、消費生活用製品安全法の強制的な規定や責務規定に期待される圧力の効果を高めていると考えられる。その後、更に検討を加えた「消費生活用製品リコールハンドブック2010」[44]として公表されている。社告の良い例、悪い例などの例も掲載している。

②企業行動憲章

社団法人日本経済団体連合会（経団連）は、2010年9月14日、「企業行動憲章――社会の信頼と共感を得るために」を発表した。この憲章は、会員企業の自主的な取り組みをさらに推進するために、1991年に制定され前回は2004年に改訂された「企業行動憲章」を更に改訂したものである。[45]

この憲章には、製品の安全が重要な要素として含まれている。まず序文では、第3章で解説するISO26000（社会的責任に関する国際規格）に触れた後、「具体的には、企業は、これまで以上に消費者の安全確保や環境に配慮した活動に取り組むなど、株主・投資家、消費者、取引先、従業員、地域社会をはじめとする企業を取り巻く幅広いステークホルダーとの対話を通じて、その期待に応え、信頼を得るよう努めるべきである。」とする。次に10の原則を示すが、この第一が、「社会的に有用で安全な商品・サービスを開発、提供し、消費者・顧客の満足と信頼を獲得する」ことである。

「企業行動憲章」は、企業が自主的に取り組むための圧力として機能することが考えられる。この規範を守らなければ、最悪の場合、除名されることもありうる。経団連の会員となることは、企業の評判を高める重要な要素であり、この会員であり続けたいということが、この憲章を守る動機になりうる。ただし、これを圧力として捉えるのではなく、「良心の喚起」と認識する関係者もいるだろう。事業者が団体の活動を「圧力」と感じるか「良心の喚起」と感じるか、その違いは主観的なものかもしれない。

③消費者団体の働きかけ

消費者団体が規範を守らない事業者について、消費者に向けて広く情報提供し行動を働きかけることは、規範の遵守に向けた圧力になる。悪い事業者として名指しされれば、消費者はそこから購入しなくなり、売り上げが下がる可能性があるからである。消費者団体のこのような活動は、製品安全分野でもありうるが、最近は、悪質商法関係の方が多い。そこで、第2章で記述することにする。なお、最近は消費者団体から安全関係では食の安全に関連する問題提起がいくつか出されているが、食品についてはこの本では扱わない。

④優良企業表彰

製品安全対策優良企業表彰は、２００７年（平成19年）に始まった表彰制度である。製品安全に積極的に取り組んでいる製造事業者、輸入事業者、小売販売事業者を公募し、審査の上で「製品安全対策優良企業」として表彰する。本表彰では、各企業が製造・輸入・販売している製品自体の安全性について評価するのではなく、企業全体の製品安全活動について評価する。受賞企業は、製品安全対策の優良企業であることを宣伝・広報することができる[46]。

このような表彰は、表彰を受けた企業や、担当者の励みになる。また、消費者に情報提供されることにより、消費者のこのような企業からの購入を促すというポジティブな圧力も期待される。

4 良心

(1) 情報を提供する

①製品事故の公表

消費者庁のサイト[47]には、消費者庁に報告された重大製品事故が数多く掲載されている。経済産業省の「製品安全ガイド」[48]にも、これらの事故情報が掲載されている。

国が製品事故に関する情報を公表することは、事故を起こした事業者以外の製造事業者に製品安全対策の重要性を知らせる効果がある。他社の事故は、自社製品で同様の事故が起きる可能性がないかチェックして、必要な措置をとるきっかけになる。事故情報の提供には、事業者の良心を喚起する効果がある。

製品事故の情報は、販売事業者が事故を防ぐ上でも役立つ。たとえば今、店頭に事故を起こした製品と同じものがあれば、販売を停止することができる。次の仕入れの参考にもなる。販売事業者の仕入れ行動は、製造事業者、輸入事業者の今後の行動にも大きく影響する。

消費者が事故を防ぐ行動をとるためにも、事故情報は有益だ。事故情報を得た消費者は、まず、自分の身を守ることができる。たとえば、事故を起こした製品と同じものを使っていれば使用を停止する。事故の原因が使用法にあれば、使い方に注意する。

事業者の正しい評判を得た消費者は、次の購入では安全に配慮する事業者を選ぶことができる。また、問題のある製品を購入したことを知った消費者は、事業者に返品と代金返還を求めることができる。製品に問題があって事故に遭ったことを知った消費者は、事業者に賠償を求めることもできる。このような消費者の行動は、安全に配慮する経営者や雇用者が報われる市場を作る上で欠かせない。製品事故の公表は、このために役立つ。

②事故防止に役立つ情報提供

事故情報の公表は、事故防止の第一歩にすぎない。消費者庁のサイトに掲載されている重大製品事故の発表は数も多く、全部見るのはたいへんだ。情報を発信しても、相手に伝わらないか、伝わっても情報があふれる中で印象に残らないことは多い。

情報が提供されても、受け入れられなければ行動につながらない。このことに対処しようとしているように読める法律の条文がある。消費者基本法第七条である。

第七条　消費者は、自ら進んで、その消費生活に関して、必要な知識を修得し、及び必要な情報を収集する等自主的かつ合理的に行動するよう努めなければならない。

この条文は、違反しても罰則はない。[49]また、この条文は「努めなければならない」という責務規定の書き方ではあるが、国から基本法の規定で圧力をかけられると消費者がこれに従うことが期待できるとは考えにくい。

これは、事実上一般国民とあまり違わない個人の集合である消費者が「自ら進んで……努めなければならない。」と宣言するものと考えることはできないだろうか。すなわち消費者の良心の喚起を目指した条文と考えると、その意義について納得がいく。

消費者が製品の安全性について必要な知識を習得し、必要な情報を収集して合理的に行動することは、製品事故を防ぐ上で重要である。この条文を知る消費者は多くないが、これを踏まえた啓発活動を行い、消費者にとって必要な情報を提供することは、製品安全に効果がある形で消費者の良心を喚起できる可能性がある。

どうしたら、情報がより伝わりやすくなるだろうか。事業者や事業者団体を含め、消費者に向けた事故防止情報は様々な形で伝えられているが、以下では例として、行政組織による情報提供の工夫を紹介する。

ⅰ）事故の再現映像

製品評価技術基盤機構（ＮＩＴＥ）は、そのサイトで製品事故に関する「ポスター」を提供している。[50]「ポスター」という名称ではあるが、画面をクリックすると、事故の再現映像の動画を見ることもできる。数多い事故情報の中から消費者が特に注意しないと危ない製品事故を選択して掲載しているので、時間のない消費者が全体をざっと俯瞰することもできる。

ii）製品安全セミナー

多くの事故情報をまとめ、重要な要素を抜き出すと、情報が伝わりやすい。国は2007年3月から、「製品安全セミナー」を各地で開催している。[51] 第一回のセミナーでは、一酸化炭素中毒事故防止の呼びかけや、浴室換気暖房乾燥機などの発火事故、ハロゲンヒーターのリコールなどをとりあげるとともに、関係する業界団体のリコール等の活動を紹介した。最近のセミナーの資料は、重大製品事故の報告実績の分析や、各種の制度の解説などを掲載している。

iii）まんが

経済産業省の製品安全のサイトに掲載しているまんががある。[52] このまんがは、一酸化炭素中毒の防止をはじめとする製品安全関係の啓発を目指して2006年末に筆者が原案を作成し、各方面からの有益なコメントを受けて改善をしたものである。

たとえば、「なぜか、を問わなければ教育にならない」というコメントがあった。家庭科の先生からの意見である。「こうしなさい」「これはいけません」を覚えろというのでは、身につかない。なぜかと自分でも考え、納得しなければ、大人になってからも適切な行動がとれるようにはならないという。

ある消費者団体の関係者からは、一酸化炭素をまんがで表そうとすることの危険性を指摘された。まんがで煙のような形で一酸化炭素を表すと、一酸化炭素は無色無臭なのに煙くならないと換気をしないという危険な誤解を助長するおそれがある。

図1－4が、これらの指摘を踏まえて作成したまんがの表紙である。

（2）共通知識を作る

①表示を伴わない規格

規格には、強制規格やマークにより表示する任意規格のほかに、強制も表示もないものがある。これは、事業者が自ら規格に沿った行動をとることを選択するものである。適切な行動が規格という共通理解になることにより、これに従おうという良心が喚起されると考えられる。たとえば以下がある。

ⅰ）苦情対応の規格

２００５年、苦情対応についてのＪＩＳ（日本工業規格）が策定された。これは、２００４年にＩＳＯ（国際標準化機構）から発行された国際規格と一致する規格としてつくられた。手順書の整備、苦情対応に関する経営トップのコミットメントの確保、内部監査などを含むマネジメントシステムの規格である。この規格は、認証や契約の目的で使うことは意図されていない。事業者が自ら適合性を評価し、適切であれば「自己適合宣言」を行うものである。後で紹介する消費者関連専門家会

みおちゃんと　まもるくんの
製品《せいひん》事故《じこ》から身《み》を守《まも》るために
ガスレンジに火《ひ》をつけたら換気扇《かんきせん》を回《まわ》したり、石油《せきゆ》ストーブを使《つか》うとき、まどをときどき開《あ》けたりして空気《くうき》を入《い》れかえるけど、どうしてかな?
空気《くうき》がたりないところで石油《せきゆ》やガスを使《つか》うと一酸化炭素《いっさんかたんそ》っていう、有毒《ゆうどく》ガスが出《で》るからだって
一酸化炭素《いっさんかたんそ》が出《で》ると、どうなるの?
あのね 石油《せきゆ》ストーブや ガス湯沸器《ゆわかしき》から 一酸化炭素《いっさんかたんそ》が出《で》て そこにいた おとなやこどもたちが 死《し》んじゃったんだって
一酸化炭素《いっさんかたんそ》
すいこんだら しぬぞー
みえないし においもないぞー
一酸化炭素《いっさんかたんそ》
こわいねー どうしたら 事故《じこ》にあわないで すむんだろう?

図1－4

リコール社告　○○社製薄形テレビ（回収）

発火のおそれ

○○○（商品名・形式）

弊社液晶テレビ○○○で発火・火災事故が発生しています。電源盤の部品不適合が原因です（と思われます）。

回収して部品の交換を行いますので、お客様は直ちに電源プラグを抜いてご使用を中止し、左記に連絡してください。弊社の社員証を携帯した担当者が回収にお伺いします。

イラスト
（対象商品の
図，写真，形式
番号，問題箇所
などを明示）

・販売場所と期間　全国のスーパー、家電販売店などで平成○○年○○月～平成○○年○○月に販売
・連絡先　東京都○○区○○町○○丁目○○番地
○○株式会社　お客様相談室
0120-000-000（携帯電話でもかけられます）
FAX 0120-000-000
・受付時間　毎日○○時から○○時まで
・回収対象数　一万台
・これは3回目のリコール社告です。
これまでの回収数五０００台（回収率五○%）
・インターネット　http://www.000000.co.jp

平成二十年○月○日　○○株式会社

図1－5　リコール社告記載例（縦書きの場合7cm × 12cm）

議によれば、2010年9月現在で66社がこの自己適合宣言を行っている。[53]

ⅱ）リコール社告についての規格

2008年、リコール社告についてのJISが策定された。[54] これは、主婦連合会の提案を受けて、日本規格協会を事務局として原案が作成され、日本工業標準調査会の審議を経て、経済産業大臣によって制定されたものである。この規格には、図1－5のようなリコール社告の記載例も含まれている。[55]

②リスク評価の考え方の共有

製品事故のリスク評価に関する考え方を共有することも、事故防止に役立つ。2010年5月に開催された産業構造審議会消費経済部会製品安全小委員会で、「消費生活用製品向けリスクアセスメントのハンドブック」が発表された。[56] リスクアセスメントは、事故を予防するため、製品設計段階でどのように製品が使用されるかを想

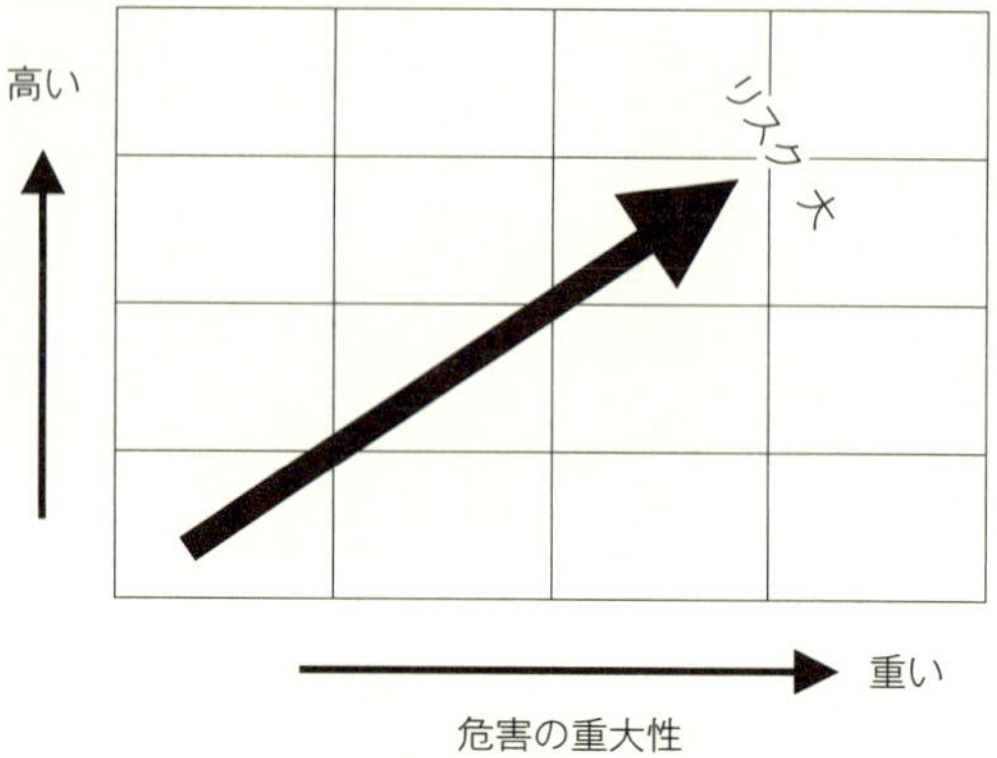

図1－6　リスク評価の基本的考え方［57］

定するなどして、危険性を除去・低減させるものである。

このハンドブックは、リスク評価の基本的な考え方を解説し、先行事例を紹介する。たとえば、リスクの見積・評価法としては、リスクの発生頻度を縦軸に、危害の重大性を横軸にとって表を作成する方法を紹介する（図1－6）。

リスクの低減対策としては、国際安全規格を示した上で、i）本質的な安全設計、ii）安全防護、iii）使用上の情報の作成の3つのステップを解説する。また、幼児がカプセル入り玩具の誤飲により低酸素脳症による後遺障害が残った事故など、過去の事故事例をリスクアセスメントの観点から検討する。

③製品安全に関する教育

教育は、前に述べた情報提供と似ているが、多少異なる要素もある。消費者教育は、まず、教育すべき内容を体系化し、全国の教育関係者の共通知識とすることからはじまる。共通知識となった内容は、教育を通じて子どもや学生の良心を形成していくとともに、教師や保護者の消費者としての良心を喚起する効果も期待できる。

製品安全に関する適切な教育を受けた子どもや学生は、消費者として自らを製品事故から守るようになるだけではない。将来、製造、販売、修理その他の事業者として、より安全に配慮した行動をとれるようになることが期待できる。子どもが消費者として身の回りの製品事故防止について理解することは、将来職業に就いて、より大きな製造設備や発電所などの安全について考える上でも役立つ一歩となりうる。

④意思確認

単に情報を共有するだけでなく、関係者がともに行動するという意志を確認することは、自らも行動する良心を喚起する効果が期待できる。

２００６年11月、石油温風暖房機やガス湯沸器による一酸化炭素中毒事故などの製品事故が大きな問題になっていたころ、経済産業省は「製品安全総点検週間」を初めて実施した。[58] この活動の一環として開催した「製品安全総点検セミナー」は、多様な関係者が、製品安全のために行動するという意志をお互いに確認し合う機会だった。[59] 会場の主婦会館では、経済産業大臣の挨拶に続き、家電製品協会の理事長、日本ガス石油機器工業会の会長代行が製品安全に向けた決意表明を行った。学者の講演等の後、事業者、消費者、家庭科教師のパネルディスカッションを行った。製品安全を目指してともに行動するという意志を共通知識とすることによって相互の信頼感を構築し、一層の行動を促すことを目指した。

これとほぼ同時期に、重大製品事故の報告義務を新設する消費生活用製品安全法の改正が国会で成立し、12月6日に公布された。しかし、製品安全に資する大多数の行動の徹底は、強制でも圧力でもなく、関係者の良心によって行われる。このような良心は、自分だけでなく他の多くの人々もともに問題意識や価値観を共有して努力するだろうという理解と信頼によって自覚される。

⑤自主行動計画の推進

ⅰ）政府の指針

２００７年３月、消費生活用製品安全法の改正による重大製品事故報告・公表制度の施行を５月に控え、経済産業省は、製品安全自主行動計画策定のためのガイドライン（製品安全自主行動指針）を発表した。[60] 製造事業者、輸入事業者、修理・設置工事事業者、販売事業者の４分類ごとに、産業構造審議会消費経済部会製品安全小委員会が策定、提示した。内容としては、企業トップの意識の明確化、リスク管理体制の整備、情報の収集・伝達・開示の取組、製品回収の取組などがある。

事業者の自主的な行動に国からの指針が示された背景には、世論の盛り上がりがあった。国は、消費者、事業者を含む国民が求めていることを文書にして示すことにより事業者の良心を喚起した。

ⅱ）業界団体による自主行動計画の推進

製品安全に関係する活動を行っている事業者団体も、自主行動計画を推進した。以下で、製品安全に関連する主な業界団体の活動を紹介する。

・家電製品協会

家電製品の主要メーカーは、家電製品協会の賛助会員となっている。この協会は、1980年に既存の組織を改編して設立された。

家電製品協会の製品安全分野の活動例としては、消費者に対する家電製品の安全な取扱に関する情報提供が挙げられる。2007年には、事業者団体として自らの自主行動計画を策定した。これは、後で公共機関の活動として解説する経済産業省からの「家電製品に係わる製品安全に関する自主行動計画」策定の要請を受けたものである。また、賛助会員による「製品安全に関する自主行動計画」の策定を支援するための「製品安全に関する自主行動計画策定ガイドライン」を作成・配布し、社内体制整備と継続的な取り組みへの支援を行っている。[61]

・ガス・石油機器工業会

日本ガス石油機器工業会も、消費者に対して機器の安全な取扱に関する情報提供を行っている。2007年には製品安全に関する自主行動計画を自ら策定するとともに、会員企業の計画策定を支援した。[62]

・キッチン・バス工業会

キッチン・バス工業会も各種の情報提供を行っている。2007年には製品安全に関する自主行動指針を策定し、会員に自主行動計画の策定を求めた。なお、この団体は、改正消費生活用製品安全法の施行で重大製品事故の報告が義務づけられたことを受けて「事故対応マニュアル第2版」も発表した。[63]

（3）切磋琢磨する

①企業の消費者関連部門で働く人の集まり

製品安全を確保する上で、企業のお客様相談室など消費者関連部門の役割は大きい。製品事故を設計や製造段階で防げるのがいちばんよいが、すべての事故の可能性を察知することは不可能だ。しかし事故の前には、何らかの危険な兆候が出ることがある。このような予兆をいち早くつかむことが、事故防止に役立つ。この予兆が、お客様相談室に入る可能性がある。消費者関連部門はお客様相談室に寄せられる苦情などから対策が必要な事項を抽出し、問題の性質に応じて経営幹部や製造現場、開発部門などに適切な形で伝える。これによって、重大な事故を未然に防ぐことができる。

消費者からの相談では必ずしも情報が整理されていない。相談者に強い不満がぶつけられることもある。それでも消費者関連部門のプロは、相談にしっかりと耳を傾け、情報を受け止める。多くの相談の中から重要な情報を品質管理などの担当部局や経営トップが活用しやすい形にまとめるためにも、高い能力が必要である。

このような重要な役割を担う消費者部門に働く人々が切磋琢磨し必要な能力を向上させる上で役立っている団体がある。地域ごとの団体もあるが、[64]以下では全国的に活動している二団体を紹介する。なお、これらの組織に参加している人々は、製品安全関係の業務に限らず、取引関係の苦情対応等も行っている。

ｉ）消費者関連専門家会議（ACAP）

消費者関連専門家会議（ＡＣＡＰ）は、企業や事業者団体のお客様相談室などの消費者関連部門で働く責任者・担当者の団体である。製品安全を含む顧客満足、苦情対応などをテーマにした研究会、講演会を開催し、会員の見識を深める活動を行っている。企業の消費者担当の専門家が業種を越えて集まり、互いに交流し合う中で切磋琢磨し高め合う活動が行われている。[65]２０１１年1月にはＡＣＡＰの創立30周年を祝う記念式典が東京と大阪で開催され、福岡では記念シンポジウムが行われた。[66]

ＡＣＡＰが最初２０００年に刊行し、２０１１年に改訂版を出した「お客様相談室　改訂2版」は、お客様相談室の使命や実務について、具体的に解説している。たとえばお客様相談室の使命の中で、製品安全関係では以下のような記述がある。

お客様からいただいた情報は事業者のリスクマネジメントの面からも、重要である。「ヒヤリハット」などといわれるが、小さなことのように見えても、その事業者にとっては大きなリスクとなる場合が多い。これらを社内に伝え、大きな問題となる前に改善していくことも、お客様相談室の使命である。[67]

お客様相談の現場を知る専門家が集まった組織であることを生かし、相談に必要なノウハウを使いやすく提供している。たとえばリコール時のお客様対応部門の役割について「電話、メールなどでの受信件数の増加分を予測し、必要な人案を配置（他部署からの応援体制など）するとともに、応援者でも適切な対応ができるよう想定Q＆Aを準備する」など、具体的である。[68]

ii）ヒーブ協議会

日本ヒーブ協議会は、企業の消費者関連部門に働く女性の集まりである。ヒーブ（ＨＥＩＢ）とは、Home Economists In Business（企業内家政学士）の略で、１９２３年にアメリカ家政学会に設立された分科会が発祥である。日本では、家政学出身であることにこだわらず、企業の消費者相談、商品開発、マーケティング、広報などの消費者関連部門で働く女性の呼称として、カタカナで「ヒーブ」と呼ぶ。１９７８年に日本ヒーブ協議会が設立され、２００９年には一般社団法人となった。会員の能力向上や社会への情報発信などを目指し、各種研究会、セミナー、調査などの活動を行っている。[69]

この団体の設立当時、消費者関連部門は、企業に働く女性にとって重要な活躍の場であった。大多数の企業で女性に与えられる職域が男性の補助にとどまっていた時代、消費者関連部門で働く女性は、ヒーブ協議会で他企業の女性と交流した。自らを「生活者と企業のパイプ役」と位置づけるなど、その役割を自覚し、互いに切磋琢磨して能力を伸ばしていった。

②学会と事業者・消費者の集まり

製品安全の分野は、学者も消費者も事業者も、多様な人々が事故を防ぎたいと思っているという同じ立場で互いに学び合うことが可能である。工学系の学者を含む様々な集まりで、事故を分析し再発を防ぐための研究が紹介され、議論されている。多くの活動の中から、二つの例を挙げる。

ⅰ）日本科学技術連盟

産業界と学会との連携は数多くあるが、中でも日本科学技術連盟（日科技連）[70]の歴史は古く、日本のものづくりを担う技術関係者が互いに切磋琢磨する場として、長い歴史を刻んでいる。製品安全に関しても、シンポジウムやセミナーが開催されている。[71]

ⅱ）「知の市場」の講座

多様な機関が連携して実践的な学習機会を提供している「知の市場」という集いには、「製品総合管理特論　製品安全対策の基礎知識」という講座がある。この講座は、２０１１年度は、前期に大阪で製品評価技術基盤機構とＮＰＯ法人関西消費者連合会の共催で開講され、後期に東京で主婦連合会と製品評価技術基盤機構と早稲田大学規範科学総合研究所の共催で開催された。製品事故の現状と製品安全対策について、具体的な事例に基づいて分析し、今後の事故防止について考える内容である。[72]主婦連合会は、２０１１年３月に開催された「知の市場」の第二回年次大会において、第一回奨励賞を授与された。[73]

5　まとめ

以上を踏まえ、製品安全関係の対応の例を、対策の主体と対象の表と規範の作り方と守り方の表とに書き込んだ（表1－1、1－2）。強制規格など、行政が企業に強制する対策は相当ある。同時に、任意規格や事業者団体、専門家団体の活動など、自主組織が圧力を加え良心を喚起するものも多い。

事業者も消費者も製品事故は望まない。同時に、膨大な費用をかけて製品価格を高騰させることは望まず、費用対効果の高い対策を求める。事業者と消費者の基本的な利害が一致するなら、自主組織による圧力や良心の喚起が大きな成果を生む可能性がある。安全な商品に関する情報を周知することにより、安全規範を守るよう圧力をかけることも効果的だ。行政組織も、圧力や良心を活用することで効率的な行政を行える。

一方、強制が必要な場合も多い。たとえば重大製品事故が起きてもその情報が伝わらなければ、良心も圧力も働かなくなる。安全をおろそかにして安く作った製品が市場にあふれかねない。しかし、商圏が国境をも越えて拡大する中で、行政も司法も自主組織も人や予算が限られている。求められることは多い。どうしたらよいだろうか。海外関係については第三章で、全体については終章で述べる。

表１－１　製品安全対策の主体と対象による分類

対策の対象＼対策の主体		行政組織	司法組織（民事組織）	司法組織（刑事組織）	自主組織
事業者	法人	強制規格 長期使用製品安全点検・表示 事業者名の表示 製品事故の報告、公表 製品回収命令 ＪＩＳマーク 法の努力義務 優良企業表彰	民事判決 あっせん （賠償等）	情報提供	ＪＩＳマーク ＳＧマーク ＰＬセンター等のあっせん 企業行動憲章 消費者団体の働きかけ 事業者団体の活動 自主行動計画 表示のない規格 情報提供、意思確認
	経営者 雇用者	優良企業表彰 リスク評価の考え方の共有	民事判決 あっせん （賠償等）	業務上過失致死傷等	企業行動憲章 事業者団体の活動 専門家団体／学会での切磋琢磨
消費者、投資家		ＪＩＳマーク 優良企業表彰 消費者教育 情報提供		情報提供	ＪＩＳマーク ＳＧマーク 情報提供

表１－２ 製品安全関係の規範の作り方と守り方による分類

作り方＼守り方	強制	圧力	良心
立法	強制規格 長期使用製品安全点検・表示 事業者名の表示 重大製品事故の報告 製品回収命令	ＪＩＳマーク 法の努力義務	基本法の規定
立法以外		ＳＧマーク 優良企業表彰 ＰＬセンター等のあっせん 事業者団体の活動	自主行動計画 情報提供 意思確認表示のない規格 リスク評価の考え方の共有 製品安全教育 事業者団体の活動 専門家団体／学会での切磋琢磨

第2章

取引の問題

1　どんな取引が問題となるか

（1）処分や相談の事例から

消費者取引の分野では、悪質商法が目立つ。技術進歩に伴い、インターネット通販、クレジットなどに関係する問題も増えている。特定商取引法[1]に基づく処分事例[2]や消費者相談の内容[3]などから、取引で問題となる行為を見てみよう。

①目的を隠して近づく

悪質商法の多くは、目的を隠して消費者に近づく。最近問題になっている貴金属等の訪問買取りでは、まずは不要な衣類を買い取ると言って訪問の約束をとりつけて家に上がりこみ、実際は衣類は買わずに貴金属を相場よりも安く買取る。

「点検商法」と呼ばれる悪質商法もある。耐震性を点検すると言って床下を見て、「このままだと今度地震が来たら家が倒れる」[4]とうそを言い、高額のリフォームの契約を結ばせる。白アリがいるとうそをついて防除を契約させたり、水道水の品質を点検し「このまま飲み続ければ病気になる」[5]と言って浄水器を売りつけたりする。

ある事業者は街頭で若者を呼び止め、「お肌の診断をする」などと言って営業所につれて行き、将来の顔の予想と称する画像を見せて不安をあおり、高額のエステを契約させていた。[6]まず無料で子どもにテストを受けさせ、結果が悪くこのままでは大変なことになるとうそをついて教材を販売した例もあった。

②性能や効果を偽る

前述の「点検商法」の浄水器は、浄水の性能が実際よりも高いと偽って売られていた。東日本大震災以降は、根拠なく「放射性物質が除去できる」とする浄水器が問題になった。エステや教材でも、効果を過大にうたう事業者の問題が続いている。

「やせる」、「血圧が下がる」などと根拠なく称する健康食品の販売も多い。ある果汁のチラシには写真入りの体験談も含め多くの効能が述べられていたが、国が求めても合理的根拠は示されなかった。

③インターネットの無名性を悪用する

インターネットや携帯電話による契約に関しても、トラブルがある。商品が送られてこないのに払い込んだお金が戻らない。送られてきた商品が広告で表示されていたものと異なり品質が悪い。問題が起きても事業者が対応しない。インターネット・オークションで相手と交渉したいのに連絡先が記載されていない。携帯電話のサイトで無料と思ってクリックしたら料金を請求された。アダルト情報サイトやデジタルコンテンツに関する相談も多い。

店舗で買えば問題があった時にはその店舗に行って苦情を言うことができるが、悪質事業者はネットの無名性を悪用する。ネットには様々な評判が書き込まれるが、悪質事業者は自ら、または関係者を使って、事実に反する良い評判を書き込む。

④クレジットを悪用する

悪質商法の多くはクレジットを使って多額の契約を結ばせた。現金なら、1回の契約で悪質事業者が手にする金額はせいぜい数万円だ。クレジットの利用によって、被害金額は大きく増えた。[7] 特定商取引法で処分した例の多くで、契約金額は一件当たり数十万円、悪質訪問販売リフォームでは平均で百数十万円にのぼった。2005年に判断力の衰えた高齢者が悪質なリフォームの訪問販売で多額の契約を結ばされ、クレジット会社に自宅の競売を申し立てられた例では、クレジットの債務総額は数千万円だった。

販売の時によく使われるクレジットには、クレジットカードと個別クレジットがある。クレジットカードなら、判断力の衰えた高齢者などは、カードを持たないことで被害を避けることができる。限度額も設定されている。しかし、販売ごとに契約する個別クレジットなら、カードを持たない人も契約することができ、あらかじめ限度額が設定されているわけでもない。悪質商法の多くはこの個別クレジットを使って、高額の契約を結ばせた。

⑤善意につけこむ

人の善意につけ込む悪質商法もある。独り暮らしや、家族と暮らしても孤独感を持っている高齢者は、話し相手を歓迎する。孫のような年齢の若者に訪問され、「これが売れないと、首になるかもしれないんです」などと言って懇願されると、営業内容がおかしいことはうすうすわかっていても、善行をなすつもりで契約する人がいる。このような高齢者も含め、悪質商法にひっかかりやすい人のリストが事業者間で売り買いされている。

若者の善意につけこむものに、「恋愛商法」と呼ばれる手口がある。まず、男性の消費者なら女性が声をかけ、親しくなる。その後、自分が作ったアクセサリーを買って欲しい等ともちかけ、買わせた後は連絡がとれなくなる。

⑥向上心を悪用し「もうかる」と断言する

向上心を悪用する商法もある。代表例が、マルチ商法である。「一緒に夢をかなえよう」という言葉は、あるマルチ商法の営業で使われた。若者がこんな言葉に耳を傾け、「がんばって稼げばビッグになれる」などと言われてマルチ商法の一員となった。[8] マルチ商法では人を騙す方法をマニュアル等で学び、勧誘で実践する中でお金だけでなく友人も失うことになる。青年期という人格形成のために貴重な時間を費やして、人格をそこなう方向の訓練を受けてしまう。

子育て中の主婦の向上心を悪用する商法もある。ある事業者は在宅勤務募集の公告を出し、ウェブサイト作成で、子育てと両立するとした。応募者は、仕事をするにはまず研修を受ける必要があると言われ、研修教材を購入した。しかし、研修を受けても仕事はもらえなかった。

ネット関係の新しいビジネスを悪用する例もある。ある事業者は、「サイトを開設し1か月後に

200万円の収入を得るための方法を教える。」と言って数十万円の代金を取ったが、代金を支払い、教えられた方法で、サイトを開設しても収入はなかった。[9]

商品先物取引の一般個人への電話勧誘でも、「間違いなくもうかる」と言って契約させた例が多い。先物取引は一般個人にはわかりにくく、当初払い込んだ金額以上の損が出る可能性があるのに、悪質事業者はそのことを言わずに勧誘した。ある海外先物取引事業者は、それまで先物取引の経験がない人に、とうもろこし、金、白金など次々に投資させ「証拠金」を払い込ませていた。[10]

⑦職場でのまじめさにつけこむ

職場への電話勧誘販売でトラブルが多いのは、資格教材の販売である。以前何らかの口座を受講した人に電話をかけ、以前の受講が終了していないが継続するかと聞く。まじめな受け手が継続する意思がないと答えると、新しい教材を買えばやめられると言う。購入の意思がないと答えると職場に繰返し電話をかけ、周囲の同僚や上司への遠慮などから契約せざるを得ない状況にもちこむ。

この手口は多くの悪質事業者が繰り返し用いている。教材購入であるということも明かさず、「今後このような案内が行かないようにするので、これから送る書面に必要事項を記入して返送してほしい」と言われ、「わかりました」と答えたところ、教材と数十万円の契約金額、支払い期日が記載された書類が送られてきた例もある。[11]

⑧雰囲気を盛り上げてだます

消費者を会場に集め、まず品物を無料又は非常に安く配って雰囲気を盛り上げてから、高価な品物を販売する手口がある。「催眠商法」、「SF商法」とも呼ばれる。ある事業者は「タダで物をあげる」と言って消費者を販売会場に誘引し、医療機器でない機器を「糖尿病に効く」「高血圧にいい」等と言って販売した。

⑨強引に長時間勧誘する

訪問販売事業者やマルチ商法の勧誘員、貴金属等の訪問買取り事業者の中には、「帰って」と言っても居座る例がある。電話勧誘販売でも、切っても何度でもかけ直してきて契約させる悪質事業者がみられる。

脅迫的な態度をとる事業者もいる。悪質事業者は最初に消費者に近づいてくるときは親切な優しい口調で、前述のように不安をあおったり善意につけこんだり向上心を刺激したりする。消費者が断ろうとしたり、後日契約を取り消そうとしたりすると、とたんに態度をひるがえして脅してくる。当初勧誘した人とは別の人が出てくることもある。

(2) 悪質商法と市場の規範低下の悪循環

悪質商法が奪うのは、騙された消費者のお金だけではない。マルチ商法の被害にあった若者が次の悪質商法の担い手として育成され、さらに次の世代を育成することがある。悪質商法を行う事業者は、雇われた人に詐欺的勧誘の手法を教え、勧誘の成否によって人事評価を行い報酬を出して、人をだますわざと、それを恥と思わない価値観を植え付ける。

悪質な営業の職場は離職者が多いので、新規採用数は善良な事業者より多くなりがちである。悪質商法で苦情の多い事業者には、「正社員募集」「若い人の多い職場です」として採用を明るく宣伝するサイトがあった。このような募集に応じた人々が、悪質商法の担い手として鍛えられていった。

多くの悪質商法の手口には共通性がある。どこかで作られた勧誘マニュアルや営業トークの研修資料などが広まり、その後の経験によってより巧みさを増してきた。雇われて勧誘の手口を学んだ人の一部は、自ら似たような商法の新会社を立ち上げる。既存の事業の経営者が新会社を立上げ、部下を社長に据えたこともある。[12]

こうして悪質商法が拡大すると、正しい情報を提供する事業者が顧客を奪われ、市場から撤退させられることになりかねない。また、善良な事業者の下で働く若者が、悪質事業者の下で働いて高給を得る人と自分を比べて、まじめに働く意欲を削がれるおそれもある。

悪質商法にだまされた人は、金銭的な損害を受けるだけではない。人を信じたのに裏切られ、心も傷つけられる。高齢者など、自分の判断力に対する自信を失うこともある。また、被害者のみならず、悪質商法が広まっていることを見聞きした消費者も、事業者に対する信頼感を失う。良心的な事業者が正しい情報を提供しても信じられない。これでは、良心的な事業者はますます報われなくなってしまう。

以下では、このような取引の問題に対応する方法を、強制、圧力、良心の順に紹介する。

2 強制

（1） 協力しやすい構造を作る

①長期間・高額の契約の規制

消費市場の中には、使ってみないと品質がわかりにくいサービスがある。たとえば外国語教室は、実際に習ってみないと教育の質はわからない。エステも、実際にサービスを受けてみなければ、よいかどうかわからない。

このようなサービスでも、1回の取引ごとに契約を結ぶなら、消費者は満足すれば取引を繰返し、気に入らなければやめるため、事業者が消費者に協力的になる構造になる。ところが、長期間の多額の契約をまとめて結ばせると、事情が変わる。気に入らなくても既に契約してしまっているため、解約を難しくすれば、よくないサービスを提供しても消費者は逃げられない。多額の契約を巧みな勧誘で結ばせ、解約を困難にして利益を得る事業者が出てきがちになる。1回限りの取引で相手を裏切る構造があるのだ。たとえば、ある外国語教室の事業者は、3年600回分のレッスンチケットを一度に契約するなど、多数回をまとめた契約が多く、レッスンの予約が取れないのにチケットが期限切れになる等のトラブルが多発していた。

そこで、特定商取引法は、外国語教室、エステなどの長期間・高額な契約を「特定継続的役務提供」と呼んで規制する。1回のサービスごとに契約する場合や、1か月ごとに月謝を払う場合は、規制されない。エステ1回ごとに支払うなら気に入らなければ次回は来ず、月謝制の教室なら成果が上がらなければ来月は来なければよいからだ。多数回のチケットをまとめて売ったような場合に問題が多かったため、これらだけを規制している。

規制の内容としては、中途解約を可能にする民事ルールや、うそをつく営業を禁止する行政規制などがある。規制が適用される場合、具体的には、クーリング・オフや中途解約等の民事ルール、行政規制、罰則が規定されている。違反すれば、業務停止命令などの処分を受ける可能性がある。この規制に基づいて、外国語学校やエステなどで不適切な営業活動を行い多額の契約を結ばせていた事業者に対する行政処分が行われ、これらの業界の信頼向上に役立ってきた。

②クレジット事業者による悪質商法の排除

訪問販売で問題が多い背景に、販売事業者が各消費者と1回限りの取引を行いながら移動できることがある。事業者が消費者を裏切って利益を上げられる構図があるのだ。しかし、現金での支払いでは、1回の取引で得られる売り上げが限定される。多くの悪質訪問販売事業者はクレジットでの支払いを求めた。一件当たり数十万円、リフォームの場合は百万円を超える金額である。悪質事業者は消費者がだまされたと気づいたときには行方をくらまし、あとの代金回収はクレジット会社任せにする。

割賦販売法には、販売業者が商品の説明でうそをついていたり、購入した商品が壊れていたりした場合、消費者がクレジット会社からの代金請求を拒む権利があることが規定されている。しかし、このような権利があることを知らないで、悪質商法の代金をクレジット会社に支払い続けた消費者も多い。

悪質商法で多く使われたのは、クレジットカードではなく、販売ごとに契約する個別クレジットと呼ばれるものだった。これなら、クレジットカードを持たない高齢者などとも契約でき、カードの限度額を超える多額の契約も結べるからだ。

前述の外国語学校やエステの事業者も、高額な契約にクレジットをよく使った。悪質な事業者が強引な勧誘で利益を得るには、その場で多数回の役務を一度に契約させる必要がある。このため、クレジットが多用された。

悪質業者の多くは、個別の消費者からは二度と取引したくないと思われてかまわないという前提で商売をしていた。しかしそんな彼らも、個別クレジット事業者とは繰返し取引してもらわざるを得ない。販売事業者がクレジットでの支払いを受けるためには、まずクレジット事業者と加盟店契約を結ぶ必要がある。販売事業者が加盟店契約を結んでいるクレジット事業者の数は、限られる。クレジット事業者が困るような契約を結んで加盟店契約を切られては、次からの販売に困る。消費者とは協力する動機を持たない悪質な訪問販売事業者にも、繰返し取引を行う相手である個別クレジット事業者とは協力する動機がある。このため、訪問販売事業者の悪質行為が個別クレジット事業者にとって不利益になるような対策をとれば、悪質訪問販売を防ぐ効果が期待できる。

ところが、2008年までの日本では、クレジットカードの事業者は国に登録する義務があったものの、個別クレジットには登録義務がなかった。国は、どこにどのような個別クレジット事業者があるかわからず、行政による監督も行われなかった。このことが、悪質訪問販売と個別クレジットが手を組む背景にあった。

そこで、割賦販売法の個別クレジットに関する規定が2008年に改正され、2009年12月に施行された。今は、個別クレジット事業者にも国に登録する義務がある。個別クレジット業者には、特定商取引法に規定する訪問販売、電話勧誘販売、連鎖販売取引、特定継続的役務提供、業務提供誘引販売取引[13]を行う加盟店の勧誘行為について、調査する義務がある。もし、これらの加盟店が消費者に対して、重要なことでうそをついたり、「必ずもうかる」などと断定したり、消費者の不利になる重要なことをわざと知らせなかったり、おどしたり困らせたりして契約を結ばせていたら、クレジットを提供してはならない。個別クレジット業者としての業務を適切に行うための内部管理体制の整備も義務づけられている。たとえば購入者の知識、経験、財産の状況等に照らして適切な業務を実施し、適切な苦情処理を行うために必要な体制の整備である。違反すれば、行政処分の対象になる[14]。

このような規制は、国が個々の悪質商法を監視し処分するよりも格段に効率的である。個別クレジット事業者は、訪問販売等の加盟店の行為について、国よりもずっとよく知りうる立場にある。また、個別クレジット事業者の数は、訪問販売等の事業者よりずっと少ないため、国への登録も可能である。

この新しい規制が決まる前後から、個別クレジット事業者は、問題のある加盟店との契約を解消していった。個別クレジットを使った高額の悪質訪問販売等は、減少している。

③広告メールの規制

消費者が二度と取引をしようとは思わない悪質事業者が1回だけの取引で利益を上げるには、前記のようにクレジットを使って1回当たりの契約金額を大きくするほかにも方法がある。1回の取引額は小さくとも、別の多くの消費者と取引すればよい。そのために使われたのが、膨大な数のメール広告である。迷惑広告メールの数は2004年以降急速に増加した。[15]

2002年に改正された特定商取引法で、広告メールについては「オプトアウト」規制が導入されていた。つまり「広告メールをもう送らないでほしい」という返信があった場合、その消費者に広告メールを送ってはならないという規制である。しかし、実際は、「広告メールを送らないでほしい」と返信すると、その返信がかえって別の広告メールを呼び寄せる結果になったことが指摘された。返信したことでそのアドレスを見る人がいることが確認できるため、返信のあったアドレスが売買されているともいわれる。2003年からの迷惑広告メールの増加をみても、規制の効果がなかったことがわかる。

そこで、2008年の特定商取引法改正では、「オプトイン」規制が導入された。消費者があらかじめ承諾しない限り、広告メールを送ってはならないという規制である。この規制は、2008年12月に施行された。[16]

このようなメール広告の規制は、繰返し取引を行わず利益を得ようとする行為を規制し、取引相手と協力しやすい構造を作ることに貢献するはずである。今後、違反に対する法執行などにより、規制の効果が上がることを期待したい。

④「不招請勧誘」の規制

訪問販売や電話勧誘販売で、「不招請勧誘」という手法が使われることがある。不招請勧誘とは、勧誘の要請をしていない人に対し、訪問又は電話によって勧誘を行うことである。これも、消費者が事業者との契約を繰返し希望するよう誠実に努力するのではない営業手法だ。

不招請勧誘によって、消費者は全く予想していない時に突然訪問されたり電話をかけられたりする。いくつかの質問に答えたりしているうちに、営業トークに引き込まれる。忙しい中で、断っても帰ってもらえず、又は電話を切ってもまたかけられ、仕方なく契約してしまった消費者も多い。

特定商取引法では、訪問販売や電話勧誘販売をしようとするときは、勧誘に先立って事業者名を告げ、販売の勧誘が目的であることと、販売対象の商品又はサービスの種類を知らせなければならないと規定している。２００８年に行われ２００９年12月に施行された特定商取引法改正では、訪問販売や電話勧誘販売で一度消費者に断られたら、その契約について再度訪問したり電話をかけたりしてはいけないという規制が追加された。[17]

不招請勧誘で特に問題なのは、リスクが高い投資対象について、知識の少ない個人に対して勧誘する場合である。商品先物取引について、これまで個人に対する勧誘が問題になってきた。投資額以上の損失が出る可能性があるにもかかわらず、巧みな営業によってこのことを十分理解できないまま契約することになり、次々と追加の資金を払い込むように求められて老後の資金を失った高齢者等の苦情が多かった。当初、「百万円だけなら」などと思って余裕資金を投資したら、「損が出たので証拠金を更に払い込まなければいけない」と言われ、結局、思いがけない膨大な金額を失うことになった。

そこで、2009年7月に商品取引所法が改正されて商品先物取引法となり、この中に不招請勧誘の禁止規定が導入され、2011年1月から施行された。禁止されたのは、リスクが大きい取引の不招請勧誘である。具体的には、個人を相手方とする商品取引契約のうち、すべての店頭取引と、発生しうる損失の額が投資額を上回る可能性がある取引所取引についての不招請勧誘が禁止された。[18] つまり、個人に対して不招請勧誘をしてもよいのは、損失が出ても投資額以内に収まる取引所取引だけということになる。なお、消費者が単に一般的な質問をしたり、資料請求をしたりしただけでは、「勧誘を招請した」ことにはならない。

この法改正の前後から、この法律で規制される商品先物関係の消費者相談は大きく減少した。不招請勧誘の規制には、このほかにも様々な課題が指摘されている。津谷裕貴は「不招請勧誘規制は、事業そのものを規制するものではなく、勧誘方法の規制だけ」であることを指摘し、不招請勧誘を行っていない事業者にとっては利益になると論じた。具体的には、米国などで導入されているDo Not Call Registry（電話勧誘を拒否したい人が登録した電話番号への電話勧誘を禁止する制度）や、「訪問販売お断りステッカー」制度等から段階的に実現すること提案した。[19]

（2）共通知識を作る

通信販売の返品ルール

通信販売で返品できるかできないか、きちんと表示されていれば、消費者はその表示を見て取引できる。しかし、表示がないと、消費者は返品できると思って買ってしまってから事業者に返品は受け付けられないと言われて、トラブルになることがある。こんなトラブルは、消費者はもちろん、まっとうな事業者も避けたい。表示や契約に定めがない場合は返品ができるかできないか、あらかじめ決めておけば便利である。[20]

はっきりした商慣習があれば裁判で使われて判例ができるかもしれないが、通信販売にそのような明確な商慣習はみられなかった。[21] 返品ができるかどうか広告や契約に規定していない場合、事業者間でも返品可能という商慣行の有無について問題になることがあるが、商慣習を判決に反映させるべきかという判断には様々な議論がある。

法律で返品について広告に表示がなければ返品可と規定することには、相互の誤解によるトラブルというコストを下げ、事業者、消費者双方の利益を増やす効果が期待できる。このため、特定商取引法が２００８年に改正され、返品についてわかりやすい表示がない場合は、商品の到着後８日間は返品可能とした。[22] このような規制があると、消費者は規制がない時よりも安心して通信販売を使うことができる。このことは、通信販売という産業が成長するために役立つ。

（3）適切な行動を促す

①行政処分

悪質商法の事業者は、悪いことは承知で故意に消費者を騙しており、現在の行為が違法と規定されただけでは行動を変えない。悪質事業者の行動を変えるには、悪質行為を行ったことによって、実際の事業に支障が出るようにする必要がある。これを実現できるのが、法に基づく行政処分だ。

国は、２００４－５年度頃から、特定商取引法に基づく行政処分を積極的に行うようになった。国からの業務停止命令は、２００３年度は０件だったが、２００４年度は10件、２００５年度は22件、２００６年度は25件、２００７年度は34件と、その数を大きく増やした[23]。このほかに、指示処分も出されている。

特定商取引法の執行を担当する職員は、処分の経験を重ねるにつれて行政のプロとしての力を増した。地方で法執行を行う経済産業局の幹部も行政執行の意義を高く位置づけ、職員も行政処分の経験を積んで、ノウハウを蓄積していった。２００９年９月に消費者庁が特定商取引法の執行を行うことになってからも、経済産業局は引き続き、消費者庁の下で処分を行っている。

国は、自らが積極的に処分を行うとともに、都道府県に処分の実施を呼びかけた。国や都道府県の職員に対して特定商取引法に関する研修を行い、処分の経験が乏しい自治体には処分のためのノウハウを伝えるなどの協力を行った。

２００５年度、地方自治体から初めて業務停止命令が出された。その後、近隣の都道府県の間での協力も行われ、県警との連携が進むなど体制が整備される中で、多くの自治体が特定商取引法に基づく行政処分を初めて行い、処分を行った自治体もその件数を増やした。[24]

割賦販売法に基づく個別クレジット事業者に対する処分も始まった。2008年6月の割賦販売法の改正によって個別クレジット事業者は登録制になり、加盟店調査や体制整備が義務づけられた。2011年2月11日、経済産業省の関東経済産業局は、この改正された規定に基づいて、個別クレジット事業者に改善命令を出した。命令の内容は、まず、特定商取引法に規定する訪問販売等による契約を行う加盟店に対して、調査を実施し記録を保存することである。また、個別クレジット事業を公正かつ適確に実施するために必要な体制を整備するため、法令遵守体制、内部管理体制及び社内規則などを抜本的に見直し、その充実、強化を図ることも命令した。[25]

行政処分のほとんどは、法人に対して行うものである。法人の代表者名は処分の発表文に掲載されるが、業務停止命令を法人に対して行っても、その経営者が次の事業を開始することを止めることができない。このため、自分の経営する事業が処分されても、次々に新会社を作って悪質行為を続ける人もいる。個人に対する行政処分も、存在はする。個人営業に対する処分や、連鎖販売取引の上位勧誘者に対する処分である。しかし、処分は彼らがこれまで行ってきた勧誘行為等を止めるもので、別の事業を始めることを止めるものではない。悪質な個人に対しては、刑事罰が有効である。

○処分に対する行政訴訟

行政処分に対して行政訴訟で対抗する事業者もある。資格教材の電話勧誘販売で2006年9月に業務停止命令を受けた愛知県の事業者は、処分に先立ち、行政処分の仮差し止めを名古屋地方裁判所に申し立てた。経済関係の法律に基づく行政処分の差止め請求としては初の行政訴訟である。２００６年９月25日、名古屋地方裁判所は申し立てを却下する判断を出した。[26] ２００６年９月28日、経済産業省からこの事業者に対する業務停止命令を出した。[27]

後でわかったが、この事業者は、このころ別会社を作り、そこに自社の職員を社長として派遣して、東北地域で同様の悪質な電話勧誘販売を行っていた。２００７年５月、経済産業省はその別会社に対しても業務停止命令を出した。[28]

特定商取引法の処分に関連した行政訴訟はその後も何件か提起されたが、この案件と同様の結果となった。行政訴訟を提起されたことで行政にはこれに対応するという追加的な業務が生じたが、その経験は行政官の法執行能力を一層向上させた。

②刑事罰

個人に対して科すことができるのが、刑事罰である。非常に悪質なケースについては、行政から警察に対して刑事告発を行うこともある。たとえば、経済産業省は２００８年６月６日付けで訪問販売により金などの「ロコ・ロンドンまがい取引」を行っていた事業者に特定商取引法に基づく業務停止命令を出したが、これに先立ち５月28日、千葉県警本部に対して刑事告発を行った。[29]

警察や検察も、悪質商法の取締りに力を入れている。２０１０年には、特定商取引法違反や詐欺の事犯での検挙事件数は１９３件で、検挙人員は４３０人、検挙法人は21法人あった。[30] 主要な検挙事例としては、家屋の無料点検を装った住宅リフォームや、催眠商法による寝具の販売などが挙げられている。[31]

経済産業省が特定商取引法に基づき2009年8月26日に業務停止命令を出した海外先物オプション取引の事業者[32]については、2011年2月、県警や検察の動きが報道された。[33] これによると、岩手県警も特定商取引法違反で本社などの家宅捜索を行い、2011年1月から2月にかけて元社長などを詐欺の疑いで逮捕した。また、逮捕者の一部は2月9日に盛岡地検が詐欺罪で起訴した。

判決も出ている。たとえば悪質リフォームについて、2005年10月14日、東京地裁の判決では、詐欺罪と特定商取引法違反が認められ、被告人に懲役2年の実刑判決が言い渡された。[34]

③民事訴訟

消費者が悪質商法に対して民事訴訟を提起することもできる。悪質商法に対する訴訟には、民法のほか、消費者契約法や特定商取引法、割賦販売法などを使うことができる。[35]

特定商取引法の規定には、民法の一般的な規定だけでは消費者の「やられっぱなし」で終わったかもしれない民事裁判で、消費者が使えるものがある。特定商取引法の特定継続的役務提供の規定が役立った例として、外国語教室の多数回のチケットをまとめて買わされた消費者が解約金を請求し、最高裁判所がこれを認めた判例がある。下級審で消費者の請求が認められたが、事業者がこれを不服として上告し、2007年4月3日、最高裁判所から上告を却下する判決が出された。[36]

特定商取引法には、2008年の改正で追加された民事ルールもある。たとえば、訪問販売で、通常必要とされる分量を著しく超える商品の売買契約を結んだ場合、契約後一年間は、契約の申し込みの撤回又は契約の解除を認める制度である。これは、ひとり暮らしのお年寄りに布団を十枚売るなど、「過量販売」と呼ばれてきた被害に対処するために作られた。[37] このような被害者は、判断力が衰えて勧誘の状況などを覚えていないことがあり、従来は返金を得ることが困難だった。このような被害者が、勧誘でうそを言われたことなどを挙証することなく、単に数量が過大だということをもって事業者からの返金を求めるために、役立つことが期待される規定である。

悪質商法の問題を民事訴訟によって解決するために役立つ規定は多い。[38] しかし、悪質商法による消費者被害額の多くは、一契約当たり数万円から数十万円である。民事訴訟による紛争解決は一定の成果をあげているとはいえ、訴訟に必要な費用や時間を考えると、実際に民事訴訟を起こす消費者は多くない。

民事訴訟による問題解決を助けるものとして、「法テラス（日本司法支援センター）」がある。法テラスは、総合法律支援法に基づいて２００６年４月に設立された。[39] ここは、国、地方自治体、弁護士会、司法書士会、消費者団体等と連携し、法律上のトラブルの解決に役立つ制度や相談窓口の紹介を行っている。サイトにはよくある消費者被害の問い合わせの一覧と、解決に資する情報が掲載されている。[40]

このほか、消費者の訴訟に役立つものとして、簡易裁判所の少額訴訟手続きや民事調停手続きがある。民事調停は比較的安価で済み、合意ができて調停が成立すればその結果は守る必要があり、守らなければ強制執行もありうる。[41]

消費者団体訴訟制度も作られている。まず2006年に消費者契約法が改正され、「適格消費者団体」として認定された消費者団体が消費者契約法に違反する行為を差し止める裁判を起こせる制度が2007年6月から始まった。[42] その後、2009年4月からは景品表示法、2009年12月からは特定商取引法に違反する行為に対しても差し止め請求が行えるようになった。[43] 消費者からの損害賠償請求等を集団的な訴訟で扱う可能性についても検討されている。消費者庁は2011年12月9日から28日まで、「集団的消費者被害回復に係る訴訟制度の骨子」について意見募集を行った。[44]

3 圧力

(1) 共通知識を作る

特定の団体に所属する事業者が共通知識を形成することがある。団体の設置などについて法律で規定される場合もある。

これらの団体は、会員が守るべき自主規範を策定し、法令や自主規範を守るよう会員やその関係者に圧力をかける。また、一般からの苦情を受け付けて、苦情内容を会員に知らせ、団体の自主規範に沿って適切に対応するよう圧力をかける。一定の研修を行ったり試験を実施したりして資格を付与する団体もある。圧力の効果は団体によっても規範の内容によっても異なるが、これらの活動によって強制が少なくて済む可能性がある。[45] また、団体の会員の評判を上げることによって消費者の信頼を得るという利点もありうる。具体的には、以下のような団体がある。

①日本訪問販売協会

特定商取引法には、訪問販売協会についての規定がある。たとえば協会は、会員に対する苦情を受け付け、会員に苦情の内容を通知して迅速な処理を求めなければならない（法第29条）。また、会員が特定商取引法に違反した場合の除名などについて定款に規定しなければならない（法第29条の3）。日本訪問販売協会は、この規定にもとづいて設立された。

日本訪問販売協会は、訪問販売に関連する自主規制を行うなどの活動を行っている。[46] たとえば、協会が定めたカリキュラムに基づいた教育を受け評価に合格した販売員を登録する訪問販売員教育登録制度を実施している。

②日本通信販売協会

特定商取引法には、通信販売協会についての規定がある。たとえば協会は、会員に対する苦情を受け付け、会員に苦情の内容を通知して迅速な処理を求めなければならない（法第32条）。日本通信販売協会（JADMA）は、この規定に基づいて設立され、通信販売に関する様々な活動を行っている。[47]

活動の一つとして、会員が守るべき通信販売倫理綱領実施基準の制定がある。この基準には、たとえば事業者が表示する住所は私書箱のみではいけないことなどが規定されている。特定商取引法に基づく省令の第8条では通信販売の広告に記載しなければならないのは「販売業者又は役務提供事業者の氏名または名称、住所及び電話番号」等となっているが、通信販売協会の基準は、より詳細になっている。

③日本クレジット協会

割賦販売法には、2008年の改正で、「認定割賦販売協会」についての規定が新たに作られた。協会の認定、社員名簿の縦覧、会員から協会への報告、協会による情報提供、役職員の秘密保持義務、定款に記載する事項、国からの改善命令などの規定がある。

割賦販売法の規定に基づき、2009年12月1日、日本クレジット協会が「認定割賦販売協会」として認定された。日本クレジット協会は自主規制規則を策定し、会員の規範遵守を促している。[48]たとえば個別クレジットに関しては、「個別信用購入あっせんに係る自主規制規則」を策定している。[49]近年の割賦販売法の改正を受けて経済産業省取引信用課が執筆した『平成20年版割賦販売法の解説』は、この協会が出版している。

④日本商品先物協会

商品先物取引法には、商品先物協会について詳細な規定がある（法第241条から第267条）。日本商品先物取引協会（日商協）は、この法律の規定に基づいて設立された。自主規制のルールを定め、違反に対して処分を行うなど、様々な活動を行っている。[50]顧客からの苦情を受け付け相談に応じ、あっせん、調停を行うこともある。また、外務員の資格試験を実施して外務員を登録し、登録した外務員に対して研修を実施している。

⑤日本広告審査機構

日本広告審査機構（Japan Advertising Review Organization: ＪＡＲＯ）は、広告に関する自主規制団体である。この団体の会員は、広告主、新聞社、出版社、放送会社、広告会社、広告制作会社などの広告に関係する企業である。ＪＡＲＯは１９７４年にアメリカやイギリスの自主規制機関も参考にして設立された後、不適切な広告を排除し、よりよい広告を促すために活動している。広告に関する苦情を受け付け、広告を審査して問題があれば改善を促す。[51]

ＪＡＲＯは、広告に関する情報提供も行っている。広告研究会を開催して、会員がよい広告について学び合う。「レポートＪＡＲＯ」を発行し、広告関係の法規制や国内外の動向についての情報を共有する。

（2）合意を促す

①消費生活センターなどのあっせん

消費者取引の紛争が実際に裁判で強制される形で解決することは少ない。悪質商法による消費者被害の大多数は数万円から数十万円程度で、裁判をすることによって得られる利益が弁護士費用や裁判に要する時間などに見合わないことが多いからだ。このため、消費者取引の紛争解決には、あっせんなど裁判以外の方法が重要な役割を果たしている。

地方自治体が設置した消費生活センターでは、消費者からの苦情を受け相談やあっせんを行っている。相談員はまず、勧誘、契約締結、解約、精算などについて、消費者から適切な事実確認、聞き取りを行う。その上で、民法、消費者契約法、特定商取引法、割賦販売法などの要件に該当するかなど、解決への手がかりを見出す。[52]

東京都では、消費生活センターでのあっせんのほか、消費者被害救済委員会によるあっせんがある。東京都消費者被害救済委員会は、消費生活センターに寄せられた相談のうち、都民の消費生活に及ぼす影響が大きいものについて、あっせんや調停を行うために設置された機関である。[53]

東京都消費者被害救済委員会による悪質商法関連のあっせん事例として、内職商法に関するものが2006年4月に公表されている。パソコンを使う内職について電話勧誘され、仕事をするために必要としてパソコン教材をローンを組んで購入させられたものである。消費者4人が、販売会社との契約は無効、解除又は取り消しできるとして、ローン会社からの返金を求めた。うち3人は、販売会社やローン会社から代金を返金するあっせんが成立した。残る1人は、販売会社が倒産状態となりローン会社もあっせんに応じなかった。[54]

この結果からもわかるように、あっせんは裁判と異なり、強制することができない。紛争の当事者が任意であっせん案に応じるように、圧力をかけるにとどまる。前述の例は事業者があっせんに応じなかったが、消費者があっせんの内容に満足せずあっせんが不調に終わることもある。

それでも、消費生活センターによるあっせんは、相当数の事例で成果をあげている。消費者にとっては、裁判の費用や時間をかけることが引き合わない多くの取引で、一定の解決が得られる。相談員に悩みを聞いてもらえるという感情の側面での満足も指摘される。[55]

事業者も合意してあっせんが成立するために役立つ手段として、クーリング・オフなどの具体的な法令の規定がある。事業者が規定に違反した場合の行政処分などの強制的手段が存在し、実際にこれを執行した実績があるため、強制力を伴わないあっせんでも、事業者はこれに従う動機をもつ。重要なのは、具体的でわかりやすい規定と、潜在的な強制力の存在である。[56]

○クーリング・オフ

消費生活センターで多くの相談員が最初に考えるのが、「クーリング・オフ」の適用である。訪問販売や電話勧誘販売、特定継続的役務提供なら、事業者から契約の書面を受け取った日を含めて8日間、連鎖販売取引や業務提供誘引販売取引なら20日間、クーリング・オフが可能である。[57]

クーリング・オフの期限は、法に定められた契約の書面を受け取った日から数える。このため、受け取った書面に法で定められた記載事項が欠けている場合、法廷書面を交付したとはみなされず、クーリング・オフ期間が開始していないと主張できる。[58] このことも、消費生活センターでのあっせんで悪質商法からの消費者の被害を回復するためにしばしば使われる。

②行政以外の裁判外紛争解決手続

最近は、行政以外にも、裁判外紛争解決手続きを行う団体が増えつつある。裁判外紛争解決手続きは、ADR（Alternative Dispute Resolution）とも呼ばれ、「裁判外紛争解決手続の利用の促進に関する法律」で規定される。この法律は、ADRが第三者の専門的な知見を反映して紛争の実情に即した迅速な解決を図る手続として重要なものとなっているとする。そして、裁判外紛争解決手続についての基本理念を定め、民間紛争解決手続の業務に関し、認証の制度を設けている。

たとえば日本消費生活アドバイザー・コンサルタント協会（NACS）は、2008年3月19日に法務大臣の認証を取得し、「特定商取引法」に係る消費者取引の紛争解決のための手続きを行う民間解決サポート機関となった。NACSのADRを利用するには、まず週末の午後に行われる電話での無料消費者相談を受け、その後あっせん等を経て裁定手続きとなる。ADRに移行する場合は中立費用を支払う。[59]

2008年5月には独立行政法人国民生活センター法が改正され、2009年4月から国民生活センターのADRが始まった。[60] 国民生活センターによるADRの例として、電話機リースの解約に関する紛争がある。2005年9月に強引な訪問販売による営業で結ぶことになった電話機リースの契約を解約したいというものである。契約は寺の名前で行われていたため、リース会社は消費者としての契約ではないとしたが、寺としての事業の実態はなかった。結局、事業者が既払いリース代金のうち8割を返還することで、当事者間に和解が成立した。[61] なお、この事例に注として記載されているのが、2005年12月に経済産業省から出された電話機リースに関連する特定商取引法の解釈通達である。行政が市場の実態を見据えて時宜を得た解釈判断を出せば、裁判によらない紛争解決を容易にする効果が期待できる。[62]

（3）適切な行動を促す

①消費者契約法の努力義務

消費者契約法には、以下のような規定がある。事業者は契約を消費者がわかりやすいものとするように努力しなければならないというものである。

第三条　事業者は、消費者契約の条項を定めるに当たっては、消費者の権利義務その他の消費者契約の内容が消費者にとって明確かつ平易なものになるよう配慮するとともに、消費者契約の締結について勧誘をするに際しては、消費者の理解を深めるために、消費者の権利義務その他の消費者契約の内容についての必要な情報を提供するよう努めなければならない。

これは、事業者に圧力をかける規定と考えられる。ただし、悪質商法の事業者に対しては、圧力の効果はあまり期待できない。悪質商法を業とするような事業者の多くは、実際に処分などの不利益が起こらない限り、法令の条文に違反することなど意に介さないからだ。このため、強制は、悪質商法に対しては特に重要である。

②割賦販売法の努力義務

割賦販売法には、2008年の改正によって個別クレジット事業者に訪問販売等の加盟店の調査義務ができたが、これに伴い、加盟店には調査に協力する努力義務ができた[63]。

個別クレジット業者の加盟店調査義務は強制される規定だが、加盟店側がこの調査に協力することは強制をともなわない努力義務の規定である。しかし、この場合は努力義務という圧力だけで相当の効果が期待できる。この規定に反して調査に協力しなければ、クレジット会社はその事業者との加盟店契約を行わず、クレジットが使えなくなるからである。[64]

③消費者団体の働きかけ

消費者団体は、望ましくない勧誘や契約を行っている事業者に是正を働きかけることがある。このような要請は強制ではないので事業者が受け入れない場合もあるが、消費者のためになる改善につながった例もある。

たとえば、ある学習塾が特定商取引法に定められた書面交付や契約解除の取扱を行っていなかったことに対して、消費者機構日本は２０１０年2月に是正を申し入れた。この塾は要請を受け入れて、クーリング・オフ規定を消費者に配布するなど、是正措置をとっていった。消費者機構日本は、２０１１年2月、要請が受け入れられて関係する書面や規定が整備されたことを公表した。[65]

4 良心

（1） 情報を提供する

製品安全で紹介した消費者基本法第7条の「消費者は、自ら進んで、その消費生活に関して、必要な知識を修得し、及び必要な情報を収集する等自主的かつ合理的に行動するよう努めなければならない。」という規定は、取引の問題でも重要である。たとえば、消費者が情報を得て悪質な勧誘にだまされなくなることは、悪質商法をなくす上で非常に強力な対策だ。ただし、情報は多ければよいわけではない。情報過多によって消費者の判断が困難になることもある。重要な情報のわかりやすい提供が必要だ。

消費者にも、市場の規範を構築・維持する役割がある。だまされないことによって悪質商法を防ぐことは、その一つだ。消費者がだまされないために必要な情報として、悪質商法の手口がある。消費者は悪質商法の実態を知ることによって、消費市場の健全性に貢献できる。

消費者契約法の第3条第2項に、消費者の情報活用についての条文がある。消費者契約法の条文を知る消費者は限られているが、この条文を踏まえた啓発活動は、消費市場をよりよいものとするために効果が期待できる。

第三条

2　消費者は、消費者契約を締結するに際しては、事業者から提供された情報を活用し、消費者の権利義務その他の消費者契約の内容について理解するよう努めるものとする。[66]

①行政処分や消費者相談、逮捕等の周知

悪質商法に対する行政処分は官庁のサイトに掲載され、報道される。行政処分の発表文には、被害を受けた消費者から聞き取った悪質商法の手口を記載している。消費者は、うその勧誘などを知って被害を防ぐことができる。

行政処分が発表されると、悪質事業者もその情報を共有する。これには、同じような悪質商法を抑止する効果がある。自分自身も行政処分を受けるかもしれないと思って用心するだけでなく、消費者がこの情報を知って同じ手口でだまされにくくなっていると思うからだ。

消費者相談から得られる悪質商法の手口を広く知らせることも、同じような効果を持つ。消費者相談での悪質商法の増加を受けた通達の変更に関する情報提供も、悪質商法の手口を広く知らせる機会である。悪質商法の処分、主な相談、特定商取引法関係の法令や通達の変更などについては、『消費生活安心ガイド』に掲載されている。地方自治体や消費者団体からも情報が提供されている。[67]

悪質商法関係での逮捕や刑事判決からも、悪質商法の手口を知ることができる。近年、特定商取引法違反による逮捕が大きく報道され、幅広い消費者に悪質行為への注意を喚起した例がいくつもある。[68] 類似の悪質行為を行う事業者もこのことを知って、同様の手口では消費者をだましにくくなることを認識する。このような逮捕の報道は、消費者に特定商取引法についての認識を広める効果がある。

民事訴訟で悪質事業者が返金や損害賠償義務等を負った判決の周知にも、類似の効果がある。消費者が「やられっぱなし」でなくなることは、その消費者自身の損害を回復するだけでなく、悪質商法の存続を断ち切る上で効果がある。

②消費者啓発

悪質商法を防ぐために、消費者に対する啓発活動が行われている。たとえば全国消費生活相談員協会[69]は、国民生活センターの「消費者問題出前講座」を各地で開催し、様々な消費者契約のトラブル事例と解決方法、事故防止などについてアドバイスをしている。[70]このほか、以下のような啓発活動や、消費者に情報を受け止めるよう呼びかける法規定もある。

i）高齢者に対して

高齢者や障害者は、悪質商法の情報を得にくく、被害にあった場合の対処も困難な場合が多い。このような人々に対して悪質商法の手口を知らせ、被害を防止するための啓発活動を行う団体がある。これらの団体で活動する人々の多くは、自分自身は消費者契約等に詳しく、悪質商法の被害に遭う可能性は低い。悪質商法の被害に遭いやすい消費者のために啓発活動を行う団体は、ボランティアの精神に支えられている。

このような啓発活動の主催者は、寸劇や替え歌なども利用して、楽しく学べる工夫をしている。高齢者には、知識として理解しても、なかなか実践に移せない人も多い。このため、たとえば、高齢者が実際に「いりません、帰ってください」とはっきり声を出して言ってみる練習するなど、実態を踏まえた工夫が行われている。

消費者庁は、毎年「高齢消費者・障害消費者見守りネットワーク連絡協議会」を開催して、関係者の情報交換を行っている。[71]高齢福祉関係団体、障害者関係団体、専門職団体、消費生活関係団体、政府等が集まって、最近の消費者トラブルの実態や今後の課題について話し合っている。

ii）若者に対して

社会経験が乏しくトラブルへの対処方法を知らない若者は、悪質商法のターゲットになりやすい。全国大学生活協同組合連合会（大学生協連）の２００９年の調査によれば、大学生の約20％が何らかのトラブルにあった。下宿生の４％は訪問販売契約で、１％は架空請求で、トラブルに遭遇した。

このため、大学生協は消費者被害について学生同士で知らせ合うなどの活動を行っている。たとえば、生協の学生委員会が発行する新入生向けの冊子で消費者トラブルを紹介した。[72] 大学生が被害に遭いやすい消費者取引を紹介する本も出版された。[73] 国と協力して作成した悪質商法防止のパンフレットを新入生に配布したこともある。消費者問題について新入生へのガイダンスの一環として扱ったり、講演会を開催したり、授業の中で教えているところもある。

（2）共通知識を作る

①消費者教育

学校での消費者教育はその内容が学習指導要領などによって定められ、全国の教育関係者や相当数の保護者の共通知識となる。共通知識となった内容は、児童生徒のみならず教師や保護者の消費者としての行動にも影響する。

消費者庁は、消費者教育に関する情報を提供するとともに、[74] 消費者教育推進会議を開催している。この会議の資料によると、最近の学習指導要領では、様々な形で消費者教育が扱われている。概要は、以下の通りである。

小学校では家庭科で、物や金銭の大切さに気付き、計画的な使い方を考えること、身近な物の選び方、買い方を考え、適切に購入できることについて指導する。

中学校では社会科の公民で、金融などの仕組みや働き、消費者の自立の支援なども含めた消費者行政を学ぶ。技術・家庭科では、消費生活と消費者の基本的な権利と責任について理解する。また、販売方法の特徴について知り、生活に必要な物やサービスの適切な選択、購入、活用ができるようにする。

高等学校では、公民で個人や企業の経済活動における役割と責任を学ぶ中で、消費者に関する問題に触れる。また、家庭科で、消費者問題や消費者の権利と責任、生活経済の管理や計画、消費行動の意思決定の過程とその重要性について理解し、消費者として主体的に判断できるようにする。[75]

消費者団体も、消費者教育で活躍する。日本消費生活アドバイザー・コンサルタント協会（NACS）は、消費者教育の講師派遣などを行っている。たとえば契約について、クレジットカードについて、インターネットについて等、生徒が考えながら学べるように作成された独自のテキストで消費者教育を行う。[76]

②電子商取引に関係する法解釈
インターネット通信販売の変化は速い。技術進歩や販売形態の進展速度は、往々にして、法制度の変化が追いつくことの困難な速さである。特に消費者の取引は金額が少なく問題が起きても訴訟

になりにくいことから、判例の蓄積による法解釈の確立も期待しにくい。

そんなインターネット通販を含む電子商取引等について、民法などの法律がどのように適用されるのかの解釈を示すのが、「電子商取引及び情報財取引等に関する準則」である。[77] これは、産業構造審議会情報経済分科会ルール整備小委員会で、消費者団体、事業者団体等が参加してとりまとめられた提言を踏まえ、経済産業省が提示したものである。現行法の適用について最終的に判断するのは裁判所だが、新しいルール形成の一助となることを願って提示されている。

この中には、経済産業省が所管する法律の解釈として示した通達も含まれている。たとえば、インターネット・オークションを通じて、個人が商品を販売する場合についても、特定商取引法の規定が適用されるかという論点である。規制が適用されれば、事業者名などを表示する義務がかかり、誇大広告などが禁止される。2005年頃、相当数の事業者がインターネット・オークションで販売し、個人だから特定商取引法の規制を受けないと称していたことが問題になった。このため、2006年1月31日付けで特定商取引法の通達を改正し、一定量以上を販売していれば、個人でも特定商取引法の規制を受けることを示した。[78]

③事業者団体の活動

圧力のところで紹介した事業者団体の活動は、会員たちが自主的に守る良心を喚起していると考えることもできる。圧力と考えるか良心の喚起と考えるかは、団体の性格や、規範の内容、そして、そこに所属する個々の会員がこの団体をどうとらえているかによって、様々である。

（3）切磋琢磨する

①学会

悪質商法への対処を含む消費者取引の問題について法理論の様々な側面から学問的に考える集まりとして、日本消費者法学会がある。この学会は、法学者のほか、弁護士、行政官などの実務家も参加して、2008年11月に設立された。設立総会では、松本恒雄会長が設立の趣旨等について解説し、消費者法と民法、競争法、行政法、民事訴訟法の関係等について、それぞれ専門の学者から発表があった。2009年は「民法改正と消費者法」、2010年は「集団的消費者被害の救済制度の構築へ向けて」、2011年は「集団的消費者利益の実現と実体法の役割」というテーマで大会が開催された。[79]

いずれも、既存の法制度を客観的に分析しようとするだけの議論ではない。消費者取引に現に存在する問題をしっかりと把握し、どうしたら現状を改善できるか考えるものである。このような議論は、個々の論点についての理解を深めるだけでなく、それぞれの参加者が自らの立場で何ができるかを考える機会である。

②消費者団体

消費者団体は、そこで活動する人々が先に述べた他の消費者に対する啓発活動を行うほかに、活動する消費者自身が集まり、悪質商法と戦うために何ができるか、互いに切磋琢磨しつつ考える場を提供している。このような場で互いを高め合う人々は、意識や知識の乏しい消費者が「やられっぱなし」にならないように手助けをする力となる。これらの活動は、消費者が悪質商法と契約しないようにすることによって市場の規範を保つ役割を果たす。

全国消費者団体連絡会は、毎年「全国消費者大会」を開催している。２０１０年に開催された第49回全国消費者大会の消費者政策分科会では、高齢者や学生などの消費者被害の実態が報告され、各地の取組が紹介された。[80] ２０１１年の第50回全国消費者大会は、「変えよう日本　つくろう未来〜大震災から見えてきた、エネルギー・食料・住まい」をテーマに開催された。被災者の支援と復旧・復興を進めていくために必要なこと、これからの日本のエネルギー政策とくらしのあり方等について話し合い、特別アピールを採択した。

5　まとめ

以上を踏まえ、取引の問題の対応の例を、対策の主体と対象の表、規範の作り方と守り方の表に書き込んだ（表２-１、２-２）。悪質商法に対しては行政処分や刑事罰、返金等の民事判決が重要だが、このほかにも、消費者団体、事業者団体、専門家団体の活動など多くの対策がある。

悪質商法の事業者は、故意に消費者をあざむいて利益を得る。このような事業者と消費者の間に協力の可能性はなく、行政、民事、刑事の強制で、悪質行為を割に合わないものとすることの意義は大きい。しかし、取引数が膨大な消費市場では、強制だけで市場の正常な機能を確保することはできない。あっせんなどの圧力も重要である。

また、悪質商法は、顧客を奪い事業者一般に対する消費者の信頼を損なうことによって、善良な事業者にも被害を及ぼしている。悪質行為を市場から排除するためには、善良な事業者による活動も不可欠である。消費者にも、悪質商法の排除に重要な役割がある。情報提供等によって消費者の良心を喚起することも必要である。

一方、技術進歩の著しいネット通販等の分野では、故意でなくとも事業者と消費者が協力に至らない場合がある。このような分野では、適切な規範を共通知識とすること等によって事業者と消費者の協力関係が確保できる可能性があり、自主組織の活動が有益である。

高齢者等をターゲットとした悪質行為は次々に現れる。訪問販売の規制が強化されると、最近は「訪問買取」が問題になっている。契約に対する理解が不十分な若者をねらった悪質商法も続いている。インターネットの無名性や国境を越える契約を悪用した取引も増えている。私たちは現状をどう見て、何をすればよいのだろうか。海外ではどのような対策がとられているのか。海外の対策については第三章で、現状と今後については終章で述べる。

表２－１　取引に関する対策の主体と対象による分類

対策の主体／対策の対象		行政組織	司法組織		自主組織
			民事組織	刑事組織	
事業者	法人	行政処分(長期·高額の契約規制、クレジット規制、広告メール規制、不招請勧誘規制)	民事判決（通信販売の返品ルール、長期・高額の契約規制、クレジット規制等を含む） 消費生活センター等のあっせん(クーリング·オフを含む）	（特定商取引法等の罰則）	消費者団体等のＡＤＲ 企業行動憲章 消費者団体の働きかけ 事業者団体／自主規制団体の活動
	経営者 雇用者	特定商取引法の行政処分の一部	民事判決	刑法の詐欺罪 特定商取引法等の罰則	情報提供 意思確認 事業者団体／専門家団体／学会の活動
消費者 投資家		情報提供 消費者啓発 消費者教育	情報提供	情報提供	情報提供 消費者啓発 消費者団体の活動

表２－２　取引に関する規範の作り方と守り方による分類

守り方／作り方	強制	圧力	良心
立法	特定商取引法等に基づく行政処分、民事訴訟 （長期・高額の契約規制、クレジット規制、広告メール規制、不招請勧誘規制等） 詐欺罪等の適用	クーリング・オフ等の規定を活用したあっせん 法に規定された事業者団体の活動 消費者契約法 割賦販売法の事業者の努力義務規定	消費者契約法の消費者行動に関する規定
立法以外		企業行動憲章 事業者団体／消費者団体の活動	情報提供 消費者教育 事業者団体／学会／消費者団体の活動

第3章

海外に関係する対策

消費が信頼できる市場を支える方法を考える上で、海外を見ることには三つの意義がある。

第一は、日本国内の対策を良くするために海外から学ぶことだ。海外の消費市場にみられる問題や、そこでとられている対策は、日本での対策を実態に即して考える上で参考になる。海外の動きを観察することは、特に実験が難しい経済社会関係の分野でものごとを実証的に考えるための貴重な機会である。

第二は、国際的に協力することだ。最近、消費者が使う製品の多くは輸入品になった。マルチ商法などの悪質商法の手口も、国境を越えて伝わる。また、インターネット通信販売やクレジットによる支払いなどで、消費者が取引する相手が国境の外にいることも増えてきた。消費市場の課題が国境を越えれば、対策も国境を越えなければならない。そのためには、国際的な協力が欠かせない。

第三は、国際的な規範を作ることだ。各国がそれぞれに規範を持った上で国際的に協力するだけでなく、国境を越えて共有する規範を作り、ともに守ることを目指すのだ。

海外の情報は以前より手にはいりやすくなった。法律関係の定期刊行物での紹介や海外の法制度の解説を含む著作[1]に加え、外国政府などのサイト[2]が充実している。この章では公開情報の中から、参考になるものをご紹介する。

1　海外の動きから学ぶ

（1）消費者政策の体制・全体像

①オランダの消費者庁

オランダでは２００７年に、消費者庁が経済省の下に設立された。２００９年版の年次報告は冒頭で、「オランダ消費者庁は、たった三年で十分に機能を果たす組織になった」と伝え、以下のメッセージを出す。

「我々は、規制と消費者情報の間の相乗効果をより効果的に使えることがわかってきたし、それによって消費者のために目に見える結果を出すことができた。当方のサイト[4]を訪れた二百万のビジターは、貴重な情報を提供してくれた。これらのおかげで、オランダ消費者庁は２００９年に、初めて不公正商行為法に基づく１１５の調査を行えた。その結果、オランダ消費者庁は消費者を誤解させたり強要したりした企業に、より効果的に対処することができた。例として携帯メール[5]や電話勧誘による販売がある。」

ここで語られる「規制と消費者情報の間の相乗効果」は、この本の用語を使えば、「強制と圧力や良心の喚起の間の相乗効果」とも言い換えることができよう。オランダ消費者庁は、処分その他の情報を広く提供し、消費者の行動を促している。

2011年に発表された2010年版の報告では、消費者庁による執行の強化が紹介された。オランダ消費者庁長官は報告の冒頭で次のように述べる。

「オランダ消費者庁が課した罰金は2009年には40万ユーロだったが、2010年には250万ユーロを上回った。（中略）これは、不公正な行為は許容されないという確固たるシグナルであり、無視できないものである。」

たとえば電話勧誘でエネルギーの契約を結ばせていたある事業者は、2010年9月、百万ユーロを上回る罰金を課された。この事業者は、電話勧誘の初めに自らの社名等と勧誘の意図を明らかにしていなかった。また、価格の有利性について誤解を招くことを言っていた。

法の執行にはオランダ消費者庁に情報を提供する人々が大きく貢献している。オランダ消費者庁は、強制の典型である行政処分も国だけでは行えないことを強調することにより、情報提供に向けて消費者の良心を喚起している。

オランダは、外国との連携にも積極的に取り組んでいる。2010年版の報告でオランダ消費者庁長官は次のように述べる。

「消費者関連の課題が国境を越えることが増えているため、オランダ消費者庁は国際的にも活発である。私たちは欧州CPCネットワークに積極的に貢献しており、グローバルなICPENネットワークの議長を一年務めている。この二つのネットワークは、知識と経験を交換するために活用され、執行機関がお互いから最良の方法を学べる機会を提供する。」

欧州CPC（Consumer Protection Cooperation）ネットワークは、欧州の消費者政策の執行機関が協力するネットワークである。ICPENについては、取引の取締当局の協力のところで解説する。

②韓国の消費者行政

韓国では2008年に、消費者政策の所管を、それまでの公正取引委員会と財務経済省との共管から、公正取引委員会に一本化した。[6] 韓国の公正取引委員会の2009年の年次報告英語版には、消費者教育、製品安全なども含め、多くの活動が掲載されている。興味深い例として、ネット通販での消費者トラブルの防止がある。

韓国は、電子商取引の振興に積極的に取り組んでいる。その中で電子商取引法が改正され、電子的な通信販売の場の提供者であるショッピングモールの役割等が規定された。年次報告では、法改正の背景の一つとして、消費者が本当はショップと取引しているのにモールを取引相手だと誤認することによるトラブルや、消費者がショップと連絡がとれなくなる問題に言及する。改正された法律では、ショッピングモールは自らが通信販売の相手ではないことを消費者がわかるように示さなければならない。また消費者に対して、取引相手の通信販売事業者の名称等の情報を提供し、その情報が不正確だった場合は責任をとらなければならない。さらに、販売業者と消費者の間の苦情又は紛争の解決に協力しなければならない。

また、日本でも検討されている消費者の集団的紛争解決については、「消費者被害の積極的な回復」という項目に記述がある。概要は、以下の通りである。

「集団的紛争解決は、韓国消費者院によって行われる。2008年には応募が増加し、被害回復実績は2012人に対して165・6百万ウォン（16万ドル）であった。アパートのバルコニーについての不当表示やアパート建設のバイオセラミックス材料の欠陥による被害補償訴訟にみられるように、消費者は日常生活で起きるかもしれない被害について早期の金銭補償を得る手段を手に入れた。また、公正取引委員会の地方事務所に紛争処理地方事務所を設置することにより、地方の消費者の紛争解決機能を強化した。」

ここに出てくる韓国消費者院は紛争解決、相談、情報提供、商品テスト、調査などを行っている公正取引委員会所管の組織である。サイトでは、最近の記者発表等を英文で読むことができる。[7]

たとえば2011年11月3日、韓国公正取引委員会と韓国消費者院がホストとなって、OECD消費者委員会の製品安全作業部会の第3回会合がソウルで開催された。また2011年12月5日に韓国消費者院は、ネット通販で商品の生産地の表示方法が商品によって異なるという調査結果を発表し、輸入品も含めた統一的な表示を義務づけるべきだとして改善勧告を関係当局に出した。

③オーストラリアの消費者法

オーストラリアの消費者行政は、以前は州が行うとされてきたが、連邦が行うことに変更された。このために豪州消費者法が制定され、段階的に施行されてきた。[8]

２００８年10月、連邦政府と州の合議体が新しい消費者政策の枠組について合意した。２００９年6月に連邦政府が提出した豪州消費者法案は、２０１０年3月に国会を通過し4月に成立した。この改正によって導入された不公正な契約条項を規制する規定は、２０１０年7月から連邦レベルで施行された。なお、州も自らが決定すれば執行することができる。

２０１０年3月、競争政策と消費者政策の担当大臣は、豪州消費者法の第2段階施行部分の案を下院に提出した。この法案には、重大製品事故の報告義務などの新たな製品安全制度が含まれ、良心的でない行為からの保護の明確化なども規定された。豪州消費者法は２０１１年1月から全面的に施行された。

このような動きの中で、オーストラリア連邦政府は、製品安全に関するサイト、リコールに関するサイト、リコールに関するツイッターを開設し、情報提供に努めている。[9] 豪州消費者法を解説するサイトでは、この法律が定める不公正な商行為などについての具体的なガイダンスも掲載している。

④ベトナムの消費者保護法

ベトナムでは、２０１０年11月に「消費者利益の保護に関する法律」が国会で採択され、政令等の策定を経て、２０１１年7月に施行された。

新法は、極めて幅広い内容を一つの法律としている。まず第1章の総則で、原則や消費者の権利、義務、事業者の禁止行為等を定める。消費者の権利には、情報を提供されることや事業者選択の自由、苦情や訴訟の権利などが規定される。義務には、財をあらかじめ吟味することや、危険な財をみつけたら当局に知らせることなどが挙げられている。事業者が禁止される事項としては、誤解を招く情報の提供や、脅し、消費者の困難な状況の悪用、健康等に悪影響のある財の提供などが挙げられる。第2章では消費者に対する事業者の義務、責任をより具体的に定める。たとえば情報提供、契約条件、製品回収、製造物責任などが規定される。

第3章は、消費者利益保護団体の責任を定める。第4章は、消費者と事業者の間の紛争解決について規定する。当事者間の交渉に始まり、調停、仲裁、裁判所による民事訴訟、消費者利益保護団体が提起する訴訟に関する規定がある。第5章は、行政体制について規定する。国レベルでは商工省が消費者政策の責任を負い、各省はここと調整する。地方での執行等の責任は、人民委員会にある。

この法律でも、日本の消費者基本法と同じく、消費者の義務の規定は、強制や圧力というよりも、良心の喚起を目指していると思われる。事業者の義務、責任では、製造物責任のように事業者に強制される規定とともに、より抽象的で、裁判規範に用いられ強制される可能性はあるが、まずは圧力で守らせるものと思われる規定がある。紛争解決に関しては、調停等の圧力を使う手続きと、裁判という強制する手続きがある。

（2）個別の対策

①欧州の製品安全に関する警報システム（RAPEX）

欧州委員会は、製品事故に関する情報を域内で共有するため、RAPEX（一般製品安全指令に基づく早期警報システム）と呼ばれるシステムを活用している。2011年5月に発表された2010年の年次報告[10]によれば、2010年にRAPEXに報告された2244件の危険な製品は、衣類・繊維・ファッション（32％）、玩具（25％）の順で、多かったリスクは、けが、化学品のリスク、窒息だった。中国製品が多く（58％）、報告では中国政府との協力によってトレーサビリティが向上し、是正措置の可能性が高まったとしている。

個別の製品についての動きも報告されている。2010年1月、欧州委員会は、窓のロックについてチャイルドドレジスタント機能を求める決定を採択した。2010年7月、欧州委員会は子供用の風呂関連製品の安全基準に関する決定と、乳幼児用のマットレスや寝袋等の安全基準に関する決定を採択した。2010年10月、加盟国は子供服のひもに関する基準の決定に全員一致で賛成した。

2010年は、RAPEXの新しいマネジメントガイドラインが適用された初めての年だった。欧州委員会が2009年12月に出したマネジメントガイドラインの改訂版[11]には、消費者製品の新しいリスク評価ガイドラインがある。これによると、リスク評価ではまず使い手の消費者の弱さの度合いを想定し、ありうる傷害のシナリオを作る。

ガイドラインは、三段階の手続きを示している。まず、消費者に被害を与える傷害のシナリオを想定する。次に、消費者が傷害を受ける確率を測る。最後に、傷害の大きさと確率からリスクを得る。製品を直接使う人だけでなくそばにいる人にも注目すべきとし、弱い消費者として乳幼児や子ども、障害を持つ人や高齢者等を挙げる。傷害をもたらす危険としては、尖った先、窒息、ひもで首が締まること、感電、熱、毒、細菌、音等を挙げる。リスクへの対応としては、見積もられたリスクが深刻なら市場からの撤収やリコール、それほどでなければ警告表示や品質管理等を挙げる。許容されるリスクは、子供用の玩具では低いなど製品により異なる。

このガイドラインの目的は、欧州委員会が加盟国の当局に対して、食品以外の製品のリスクを評価するための透明で実行可能な方法を提供することにあるとされている。つまり、欧州委員会が加盟各国に出したもので、事業者に対して強制力を持つものではない。しかし、リスク評価の考え方をわかりやすく提示することにより、欧州の事業者や欧州域内に輸出している事業者に考えるべきことの視座を示し、良心を喚起し圧力を加える効果も期待できる。

②米国の電話勧誘禁止登録簿

米国では連邦取引委員会（ＦＴＣ）がDo Not Call Registryと呼ばれる登録簿を管理している。招かれざる電話勧誘を禁止するための登録簿である。電話による不招請勧誘への対策として行われた、立法による強制である。登録簿のサイトには、消費者向けの解説が掲載されている。[12] その一部の概要は、以下の通りである。

「電話勧誘を望まない消費者は、電話番号を登録することができる。連邦取引委員会の規則の範囲である電話勧誘者は、31日ごとに、自らの電話番号簿から登録された電話番号を削除しなければならない。登録された電話番号は、法執行当局とも共有される。

登録すれば、すべての勧誘電話が止まるわけではない。政治団体、慈善、電話調査を目的とする電話は、許される。ただし、電話調査とともに販売行為をする場合は、登録された電話番号にかけてはいけない。また、登録された電話の所有者がすでに取引関係を持っている相手からの電話も、最後の購入又は支払から18か月以内は許される。ただし、所有者がその相手に再び電話しないように言えば、電話してはいけない。これに違反して電話すれば、1万6千ドル以内の罰金が科される可能性がある。電話することを登録した電話の所有者が明示的に許容した相手からの電話も、許される。

米国の消費者に対する電話勧誘なら、外国からの電話も対象になる。もし米国の事業者が海外の電話勧誘者を使って勧誘すれば、この米国の事業者が電話勧誘者の行為に対して責任を負い、連邦取引委員会による法執行の対象となりうる。

登録しても勧誘電話が来た場合、消費者からの苦情申し立ては、登録簿のサイトから入力できる。無料電話からの申し立てもできる。連邦取引委員会は個別の消費者苦情への対応はしないが、消費者の苦情はその事業者に対する取り調べを助け、法執行につながるかもしれない。」

Do Not Call Registry のサイトや連邦取引委員会のサイトには、事業者向けの解説がある。その一部の概要は、以下の通りである。[13]

「事業者は、登録簿にオンラインでアクセスする。最初に登録簿にアクセスするとき、法人名、住所、代表者、代表者の電話番号とメールアドレス等を入力する。もしその事業者が別の顧客の代理として登録簿にアクセスするなら、その顧客名も登録する。登録簿においては、市外局番ごとに、登録された電話番号だけがアクセスできる。登録簿にアクセスする者は、市外局番ごとに、年間一定の料金を払わなければいけない。

二回目のアクセスからは、登録簿に登録された電話番号全体か、前回の登録時からの変更分のいずれかをダウンロードできる。

電話番号を登録したのに電話勧誘された消費者は、連邦取引委員会に苦情を申し立てることができる。違反一件につき、1万6千ドル以内の罰金が科される可能性がある。

登録簿へのアクセス料金等は、連邦取引委員会のホームページに掲載されている。市外局番5つまでは無料、それ以上は1つの市外局番ごとに年間55ドル、上限は年間1万5058ドルである。」

米国政府は、この規制を着実に執行している。たとえば2009年1月の連邦取引委員会の発表によれば、電話勧誘に関する規制に違反した事業者が合計120万ドル近くを支払うことに合意した。[14]これらの事業者は、Do Not Call Registry に記載されている電話番号の消費者に、明示的な書面での同意を得ておらず、また「確立したビジネス関係」にもないにもかかわらず、電話をかけた。このため、1社には90万ドル、もう1社には27万5千ドルを課す命令が出された。

③米国の商品先物取引の自主規制団体

米国には、商品先物取引の自主規制団体としてNational Futures Association（NFA）がある。NFAは、商品先物市場の規範を会員であるブローカー等に守らせるため、積極的に活動している。活動の一つとして、不適切な行為を行った会員に対する数多くの処分がある。[15]

たとえば2007年6月に発表された処分は、ある商品先物業者が個人を相手にうそを言ったり確実にもうかると断定的判断を提供したりしたことを立証したものである。調査のため、NFAの遵守担当職員は投資家を装い、この事業者の外務員に問い合わせたりして勧誘を受けた。NFAは、事業者名はもちろん不適切な営業をした外務員の個人名も明示し、誰がいつ何と言って勧誘したか等を詳細に公表した。この事業者は、処分を受けて自主的に廃業し退会した。[16]

このような処分は、商品先物取引の市場において、米国の自主規制機関が市場の規範を保つために効果的に情報を収集、公表し、処分することにより、公正な市場を作り出すよう努力していることを示している。このことは、市場の信頼性向上によって、米国の商品先物市場の国際競争力強化にも役立つ。

④欧州の消費者センターのネットワーク

EU加盟国とノルウェーとアイスランドには、ECC－Netと呼ばれる欧州消費者センターのネットワークがある。センターには欧州委員会と加盟国が資金を提供し、ネット通販や旅行中に欧州の他の国の事業者から商品やサービスを買ってトラブルに遭ったりした消費者の相談に無料で応じている。問題解決や返金を助けてくれることもある。

２０１０年の年次報告[17]によれば、ECC－Netは２０１０年には7万１０００件の相談を扱った。相談内容は、購入した製品やサービスについての問題が２９・５％。配達の問題が２３・７％。契約条項が１２・２％、価格・支払いが１０・５％だった。電子商取引は苦情全体の５６・２％を占めた。ECCが事業者も納得する解決を示して終わったケースは全体の４１・６％、解決できずに他の機関に回されたケースは１５・５％あった。

たとえば、オーストリアの消費者がドイツの事業者から無料のウェブメールを提供されたが三か月後に自動的に有料契約に変わってしまったというトラブルについて、消費者センターが介入した結果、契約が無償で解消された。また、ブルガリアの消費者がフランスの事業者のネット通販で子供服を買ったが2か月経っても届かなかったという苦情をブルガリアの消費者センター経由で受けて、事業者が返金した。ECC－Netは、EUの消費者法が実際に欧州の消費者のためになる上で、重要な役割を果たしている。

⑤欧州の集団訴訟に関する意見集約

欧州委員会は、２０１０年11月から２０１１年2月にかけて、集団的被害救済について意見募集を行った。欧州委員会の競争政策担当の副委員長は、欧州での集団的被害救済の必要性について関係する欧州委員と合意したとしつつ、米国の制度の過剰性や欠点を避けることも明言した。欧州委員たちは、集団的訴訟は個別の訴訟より安く実用的なことが多いとした。また、乱訴を防ぐ強い仕組みを作り、和解や裁判外手続きについても検討すべきとした。さらに、市民や中小企業などが裁判への公正なアクセスを得られるための資金が確保されるべきとした。[18] 各方面から寄せられた意見や2011年4月に行われたヒアリングの記録は欧州委員会のサイトに掲載されている。

2　国際的に協力する

(1) 製品安全当局の協力

①日本と米国、中国との協力合意

消費者が使う製品の多くが国際的に取引される中で、製品安全分野の国際協力が重要になっている。2006年11月、経済産業省と製品評価技術基盤機構は米国の消費者製品安全委員会と協力ガイドラインを締結した。[19] これは、重大製品事故やリコールの情報交換等について合意したものである。ガイドラインの締結に向けたプロセス自体も、有益な情報交換の機会だった。

2007年4月には、中国の国家質量監督検験検疫総局との間で製品安全に関する覚書を締結した。2008年度には中国国家質量検験検疫総局と中国検験検疫科学研究院が製品評価技術基盤機

構（ＮＩＴＥ）を訪問し、事故情報収集制度、事故原因究明技術などについて情報を提供した。[20]

②欧州・米国・カナダの協力

２０１０年６月、欧州と米国とカナダの製品安全当局が、ブラインド等の安全規格を求める発表を行った。[21] これは、欧州委員会の健康消費者総局と、米国の消費者製品安全委員会（ＣＰＳＣ）と、ヘルスカナダの三者間での初の協力である。

発表によれば、ブラインド等のひもは、世界中の子供に窒息による死亡や重い傷害を与えている。欧州の７つの加盟国では、２００２年に90人の子供が、ブラインド等のひもによって起きた傷害のために病院に緊急搬送された。より最近では、２００８年以来欧州で少なくとも６人の子供がブラインド等のひもによって死亡している。米国では、ＣＰＳＣは、ブラインド等のひもによって、１９９９年以来１２０人の死亡と１１３人の死亡に至らない事故の情報を得ている。ヘルスカナダは、１９８６年以来28人の窒息死と23人のそれに近い重大事故がひものついたブラインド等によって起きたらしいとの報告を得ている。

欧州、米国、カナダの安全当局は、標準策定団体と協力して努力すれば、子供の安全を最重視しつつ、グローバル経済の中での費用対効果の高い製品開発、試験、製造プロセスを導くことができるかもしれないとする。欧州委員会と米国とカナダの安全当局は、それぞれの標準策定団体による国際協調を求める共同文書に署名した。

これは、製品安全のための国際規格を策定しようとする動きである。各国の強制規格となれば、国境を越えて同じ規格による強制によって、消費者を製品事故から守る対策が行われることになる。

③欧州・米国・中国の協力

2008年9月、欧州委員会と米国と中国の製品安全に関する三者協力の会合が中国で行われた。[22]欧州委員会の発表によれば、欧州委員会からは健康消費者総局長等、米国からは消費者製品安全委員会（CPSC）委員長等、中国からは国家質量監督検験検疫総局等が出席した。初日には共同記者発表が行われ、その後北京、広州、上海で、繊維、玩具、電気用品に焦点を置いたセミナーが行われ、中国、欧州、米国の規制当局、ビジネス関係者、標準作成者、試験機関が集まった。中国において欧州と米国の安全規制の理解を増進し、サプライチェーン全体で安全を確保することを目指している。

初日に発表された、「消費者用製品安全—共通の目標」という共同宣言では、これまでの米－中、欧－中の協力ガイドラインの締結、RAPEXを活用した欧－中の情報交換に触れて、今回の三者協力が新しい協力分野を開いたとした。また、製造、輸入、販売事業者に対する製品安全の教育訓練の重要性や、消費者用製品の安全に関する統一的な国際標準の必要性がうたわれている。この後、2008年11月には、ブリュッセルで「ハイレベル欧中米規制三者会議」が行われた。

2010年10月には、第二回の「ハイレベル欧中米規制三者会議」が中国の上海博の「消費者製品安全の日」に開催された。共同記者発表では、製品安全の確保が中国、米国、欧州の共通の課題になっているとした。そして、サプライチェーンがグローバル化する中で消費者に安全な製品を供給する必要があり、三者の協力が世界の消費者の安全に貢献できるとした。

④多国間の協力

世界規模で消費者製品の安全性の向上を図る組織として、国際消費者製品健康安全機関（International Consumer Product Health and Safety Organization：ＩＣＰＨＳＯ）がある。この機関は、政府機関、製造・輸入事業者、消費者、弁護士などがメンバーになっていて、米国の製品安全委員会と密接な協力の下に運営されている。総会やセミナーで、製品安全に関する様々な専門家の発表があり、情報交換が行われる。[23]

（2）取引の取締当局の協力

近年、インターネットを使うなどして、悪質商法が国境を越えて消費者に被害を与えることが増えている。このため、消費者行政で法を執行する約40か国の当局が集まって、情報交換や協力を行う組織ができている。消費者保護及び執行のための国際ネットワーク（the International Consumer Protection and Enforcement Network：ＩＣＰＥＮ）と呼ばれる組織である。このネットワークでは、インターネットを使った消費者被害について監視する「インターネット・スウィープ」などの活動も行われている。[24] 消費者が外国の事業者と取引してトラブルを経験した場合、苦情を報告できるサイトもある。このサイトには、日本語版もある。[25]

（3）全体的な協力

①国際機関による協力

先進国が集まって情報交換などの協力を行う場として、OECD（経済協力開発機構）がある。ここには消費者政策委員会が置かれ、製品安全、インターネットや携帯による通販、クレジットカード等によるオンラインでの支払いなどについて議論されている。

たとえば、製品安全についての取組を強化するために、2010年7月、OECD消費者政策委員会の下に、消費者製品安全の作業部会が作られた。加盟国、非加盟国双方で製品安全関係に関する法執行を行う行政官が集まって、製品事故やリコールについての情報共有の促進や、市場監視や政策についての協力の強化を目指す。[26]

同じく2010年7月、OECD消費者委員会は、それまでの議論を踏まえ、「消費者政策ツールキット」を発行した。この本は、各国で起きている消費者問題や実施されている多くの政策を、論理的に整理して具体的に紹介している。[27] おおまかなあらすじは、以下のようになっている。

第1章は、インターネットなど最近の技術進歩や、市場の自由化、グローバル化などの市場の変化と、高齢化などの消費者の変化を論じている。第2章は、古典的な経済学に最近の行動経済学も加え、消費者政策にかかわる経済学について述べる。第3章は、消費者被害を分類し、消費者からの苦情や調査の分析など、政府がこれを察知し深刻さを見極める方法を示す。

第4章は、消費者政策の手段について論じる。手段としてあげられているのは、消費者教育と啓発、情報提供、契約条項の規制、クーリング・オフ、道徳的説得、行動規範と信頼性を示すマーク、標準、免許と認証、財政的手段、行為の禁止、紛争解決、執行である。執行については、軽い順に、説得、警告、民事罰、停止命令、免許停止・取消、刑事罰があげられる。

第5章は、消費者政策形成の六つのステップを示す。第一ステップは、消費者問題の性質と、その根源を判断することである。第二ステップは、消費者被害の測定である。第三ステップで、その消費者被害が政策を必要とするか否かを判断する。第四ステップは、政策目的と政策行動の範囲の設定である。たとえば、市場の需要側、つまり消費者に対しては、教育啓発、情報提供、クーリング・オフ、契約条項の規制ができる。供給側、つまり事業者に対しては、道徳的説得、行動規範、標準、免許・認証、禁止、執行を行える。紛争解決や財政的手段もありうる。第五ステップは、選択肢の評価と政策の選択である。各政策の費用対効果の評価や、関係者との相談が行われる。第六ステップは、政策評価である。

このようなあらすじに、多くの事例がちりばめられている。これらの事例からも、各国の様々な組織が、事業者、消費者などの対象に、強制、圧力、良心の喚起を使い分けて働きかけていることがわかる。なお、インターネットを利用した消費者取引に関するOECDの活動については、次の「国際的な規範を作る」のところで解説する。

②消費者団体の協力

消費者団体の国際的な集まりとして、国際消費者機構（Consumer International：CＩ）がある。この団体は、毎年3月15日を「消費者の日」として、キャンペーンを行っている。２０１０年、

２０１１年のテーマは金融サービス、２００８年、２００９年のテーマはジャンクフードだった。また、４年に一度、世界大会を開催している。２００７年10月にはオーストラリアのシドニーで開催され、２０１１年５月には香港で開催された。[28]

3　国際的な規範を作る

(1) 国際規格

製品安全に貢献する国際的な規範として重要なのが、国際規格である。多くの消費者用製品が国境を越えて貿易されるため、規格の国際化は消費者を守りながら経済の効率を高める上で、非常に重要な役割を果たしている。

国際的な規格をつくる世界最大の組織として、国際標準化機構（International Organization for Standardization：ＩＳＯ）がある。そこに参加している会員は、各国の標準を作る機関である。会員には政府の一部であるものや政府から業務を委任されているものも多いが、事業者団体によって設立されるなど、全くの民間組織である会員もある。ＩＳＯ自体は、非政府組織である。[29] なお、電気や電子技術分野の国際規格は、ＩＳＯではなく国際電気標準会議（International Electrotechnical Commission：ＩＥＣ）で作られる。[30]

ＩＳＯには、消費者政策委員会（Committee on Consumer Policy：ＣＯＰＯＬＣＯ）が置かれ

ている。ここでは、ISOの会員が規格を作るときに消費者の参加を確保するよう支援したり、標準化による消費者保護を促進したりする。また､消費者の利益になる標準化について経験を交換し、現在検討中の規格や今後の新しい規格に消費者の意見を反映させるよう努めている。COPOLCOには、製品安全に関するものなど、いくつかの作業部会がある。消費者向けの取扱説明書に関しては、既存の規格であるISO／IECガイド37の改訂に向けた作業部会が作られている。

国際規格と各国の規格についての議論は、互いに影響し合いながら、可能な限り整合性を保つ方向で進展している。たとえば苦情処理については、日本ですでに作成されていた「苦情対応マネジメント指針」をもとに議論が進められ、2004年にISO10002（組織における苦情対応のための指針）が発行された。[31] その後2005年に、日本での一致規格としてJIS Q 10002：2005「品質マネジメント－顧客満足－組織における苦情対応のための指針」が制定された。[32]

このようなマネジメントに関する規格は、品質管理のISO9000シリーズや環境管理のISO14000シリーズが知られているが、最近注目されているものとして、社会的責任に関するISO26000やリスク管理に関するISO31000がある。特にISO26000では、社会的責任の中核主題の一つとして、消費者に関する課題がとりあげられている。内容としては、消費者保護の原則を紹介し、公正なマーケティングや消費者の安全、持続可能な消費、紛争解決、個人情報の保護、消費者啓発などについて取り組むべき行動を提示する。[33]

もちろん、個別品目に関する規格も引き続き重要である。最近の製品は、原材料から部品、そして最終製品となって消費者の手に届くまでに、何度も国境を越えているものが多い。このような製品の安全を確保する上で、国際規格は大きな役割を果たしている。ISO／IECの規格を守って作られた製品であることについて、第三者による認証を得て表示してあれば、世界のどこで作られていても一定の信頼感をもって取引することができる。このことは、事業者がISO／IECの規格を守る圧力として働く。

(2) OECDのガイドライン

①電子商取引について

インターネット通販やオンラインでの支払いも国境を越えることが多く、国際的な規範が求められる分野である。最近、この分野で次々に新しい形の消費者取引が出現し、トラブルが増えている。このため、OECDでは、1999年に作られた電子商取引に関するガイドラインを見直そうとする議論が始まっている。

見直しに向けた問題意識をわかりやすく紹介しているのが、2009年12月に米国のFTC（連邦取引委員会）が開催したOECDの電子商取引に関する会議である。この会議の結果は2010年4月のOECDの消費者委員会に報告され、公表された。[34] これによれば、会議参加者からの指摘には、以下のようなものがあった。

・1999年ガイドラインは、消費者保護に効果的な枠組を提供し続けているが、改訂が必要ではないか。たとえば、インターネットや携帯機器での支払いで品物が届かなかったり注文と異なる物が届いた等の問題が起きたときに消費者が補償を得られるメカニズムや、消費者教育が必要だ。個人情報の保護も検討すべきだ。

・オークションなど、個人間の取引での詐欺も増えている。この場合、事業者と消費者の間の取引を対象とする消費者保護法が適用されるかどうかわからない。個人間の取引での消費者保護について規定すべきだ。

・デジタルコンテンツの契約は長くて複雑なことが多く、不公正な契約や、使用の制限が不明確なこともある。互換性の問題もあり、競争政策との関連で検討すべきだ。

・オンラインでの子供の保護について考えるべきだ。子供は何かを調べるためだけでなく、文章の発信、ゲーム、ソーシャルネットワーキング、テレビ視聴等でインターネットを使っている。子供を対象とする広告の一部に、懸念がある。

・途上国を含む世界中で、携帯機器による取引が増えている。不適切な情報公開、苦情処理や補償の弱さ、個人情報の取扱の懸念、支払い確認の選択肢がないことなどを指摘した調査がある。

・国内や国際での執行協力の強化を考えるべきだ。売り手の所在確認、紛争解決などの消費者保護が、国際的にも行われる必要がある。電子商取引の規制が国によって異なることが、国境を越えた取引を阻害しているのではないか。効果的な低コストのオンライン紛争解決と補償メカニズムが、問題解決に役立つかもしれない。オンラインの詐欺的行為に対処するためにもっと力を入れるべきである。

・インターネットによる通信の仲介者には、電子商取引で果たすべき役割がある。消費者に対する効果的な補償メカニズムにおいて、支払い仲介者が果たすべき役割は重要である。オンライン詐欺を防ぐために、インターネット仲介者が適切な形で参加し、法執行当局を助けるべきである。

これらの指摘を踏まえ、ＯＥＣＤでは、消費者委員会や通信、競争などの関係する委員会で、１９９９年のガイドラインの見直しに向けた議論が行われている。

②多国籍企業について

２０００年につくられたＯＥＣＤの多国籍企業ガイドラインの中にも、消費者に関連する規定がある。第７章が消費者利益について定められ、「企業は、消費者との関係において、公正な事業、販売及び宣伝慣行に従って行動すべきであり、また、提供する物品あるいはサービスの安全性と品質を確保するためあらゆる合理的な措置を実施すべきである。」等の規定がある。ガイドラインの第５章の環境部分には「企業の製品及びサービスの使用の環境上への意味についての消費者の高水準の認識の増進」とある。

２０１０年５月に発表された「ＯＥＣＤ多国籍企業ガイドライン改訂の枠組」[35]は、改訂が必要な理由として、世界の生産と消費のパターンが複雑化したことを挙げる。そして、消費者利益について、現在の健康と安全以外に、金融教育、サプライチェーン管理、持続可能性の問題など他の消費者の関心事項をとりあげるべきかどうか検討する必要があるとする。

（3）国際商業会議所のコード

国際商業会議所（International Chamber of Commerce：ＩＣＣ）は、２０１１年９月に「広告及びマーケティング・コミュニケーション慣行に関するコード」を改訂し発表した。[36] このコードは１９３７年に策定されて以来、世界中の自主規制に影響を及ぼしてきた。２０１１年４月に中国の広告産業が承認した「中国の責任あるマーケティングのコード」の基礎ともなった。

新しいコードは基本原則として透明性、個人情報保護、人間としての尊厳等を挙げ、特に子供に対する配慮を求める。たとえば、子供向けの媒体では子供に適した商品のみ広告し、広告であることを明示する。適切な行動、社会の道徳観又は親の判断を損なう言葉を使わず、親がオンラインの行為に参加し助言することを奨励する。個人情報を集める前には親の承諾をとる。

デジタル双方向メディアについては、全面的に改訂された。たとえば、消費者が自分のデータを集められないための明確で透明なメカニズムを求める。ソーシャルネットワークサイトについての規定もある。

オンラインの行動ターゲティング広告に関する規定は、今回初めて加わった。集めたデータの使途の明示や、データ収集と使用についての消費者の明示的な承諾の取得、個人情報の適切な保護、子供をターゲットとしないこと等を求める。

環境によいという表示に関する規定も改訂された。たとえば消費者を誤解させたり誇張したりせず、「環境に優しい」「持続可能」等の一般的表現を避け、内容を消費者に明らかでわかりやすい形で示すことを求める。

4　まとめ

海外関係の対策の例を、対策の主体と対象の表と、規範の作り方と守り方の表に書き込んだ（表3－1、3－2）。網羅的ではなくたまたま得られた情報だけなので刑事組織の情報が含まれていないことなどバランスがとれたものではないが、それでも多様な対策が行われていることがわかる。

消費市場の機能を考える上で、国際的な視野はますます重要になってきた。大企業の多くは多国籍化し、消費財の製造・流通過程は何度も国境を越える。技術進歩により次々に現れる広告や取引の新しい媒体は、国境を越えて使われる場合が増えている。規範の形成が急激な変化に追いつけないと、善良な事業者が新しい市場で支持されにくい。

国際的な規範が守られるには、各国政府が協調することによる強制のほか、圧力や良心が働く必要がある。海外から学んで国内の対策を考えること、国際的に協力すること、国際的な規範を作ることのいずれもが、今の時代に必要な規範の構築と遵守に貢献する。

国際的な規範の構築は、消費者と善良な事業者の利益を守るだけではない。国と世界の形について、目指すべき新しい理想を提示できる可能性がある。消費者取引は、国家による規範が確立しない時代から行われてきた。これを支えてきた市場の規範は、国家を越える取引が問題となる現代にも参考になるのではないだろうか。終章で検討する。

表３－１　海外関係の対策の主体と対象による分類

対策の主体 対策の対象		行政組織	司法組織		自主組織
			民事組織	刑事組織	
事業者	法人	オランダ消費者庁の処分 米国の電話勧誘規制 豪州消費者法による重大事故報告義務 製品安全当局や取引関係の取締り当局による国際協力 豪州消費者法が定める不公正な商行為等のガイダンス ベトナムの消費者法による調停等 欧州の危険な製品に関する情報交換、リスク評価ガイドライン ＯＥＣＤのガイドライン	ベトナムの消費者法による製造物責任等 韓国消費者院の集団的紛争解決 欧州の消費者センターによる紛争解決		製品関係の第三者認証を伴う国際規格 苦情処理や社会的責任の国際規格 米国の商品先物取引の自主規制 国際商業会議所のコード
	経営者 雇用者	豪州消費者法が定める不公正な商行為等のガイダンス			苦情処理や社会的責任の国際規格 米国の商品先物取引の自主規制
消費者 投資家		オランダ消費者庁，韓国消費者院，豪州連邦政府の情報提供	韓国消費者院の集団的紛争解決		消費者団体の国際協力

表３－２　海外関係の規範の作り方と守り方による分類

守り方／作り方	強制	圧力	良心
立法	オランダ消費者庁の処分 米国の電話勧誘規制 豪州消費者法による重大事故報告義務 韓国消費者院の集団的紛争解決 ベトナムの消費者保護法による製造物責任等 製品安全当局や取引関係の取締り当局による国際協力	豪州消費者法が定める不公正な商行為等のガイダンス ベトナム消費者保護法による調停等 欧州の危険な製品に関する情報交換、リスク評価ガイドライン 欧州の消費者センターによるあっせん	ベトナム消費者保護法の消費者の義務
立法以外		米国の商品先物取引の自主規制 製品関係の第三者認証を伴う国際規格	オランダ消費者庁，韓国消費者院，豪州連邦政府の情報提供 消費者団体の国際協力 苦情処理や社会的責任の国際規格 ＯＥＣＤのガイドライン 国際商業会議所のコード

終章

信頼できる消費市場とは

1　大昔の規範

私たちの先祖は、どうやって取引をうまく行えるようになったのだろうか。多くの取引がだまし合いに終わらず双方の利益になるためには、何らかの規範が作られ、守られる必要がある。このような規範はどのようにして生まれ、どうやって守られたのか。現代の消費者政策につながる知見はないか。幅広い分野の文献を手がかりに、想像力を駆使して考えてみたい。

（1）規範はどうやってできたか

国家による強制がない時代、取引相手を裏切らないという規範は、取引関係者の良心と仲間内の圧力によって守られたと考えられる。

良心の生成過程にはまだわからないことが多いが、動物行動学で、仲間同士の協力は類人猿の時代から培われた特質だという研究がある。仲間同士で食料を分け合う群れの方がそうでない群れよりも、飢えるリスクを減らして子孫を増やすことができる。[1]

人類が発生してからも、構成員が互いに協力できる集団が栄え、子孫を増やしてきたことが想像できる。人類学では、限られた獲物を分け合うことによって飢えるリスクを減らし生き延びる可能性を増やしたという分析がある。[2]

このような集団では、構成員の大多数が自らの良心で規範を守る。規範を守らないで得をする人が少数いても、大多数の良心は揺るがない。大多数が良心的な集団の中で取引を繰り返すなら、今回相手に譲れば今度は相手が譲ってくれると信じられる。こうして多くの構成員が自主的に協力し、少数の違反者には規範を守るように圧力を加え続ける集団が、構成員の数を増やし続けたと想像できる。

人々が相互に取引を繰り返す中で、相手と協力する規範を守る人が増えた。仲間と協力する良心や、これを仲間内で守るための圧力は、こうしてできたのではないか。

(2) 古代の国は何をしたか

人は同じ人類なら誰とでも協力するわけではなく、近い集団に属する人の間の方が協力しやすい。[3] 大昔の人類は歩いて行ける範囲の限られた仲間の間で暮らし、その中でお互いに協力する良心と仲間内の圧力を身につけた。しかし、馬車など交通手段の発達とともに取引相手の数は増え、1回限りの取引で相手を裏切って利益を得る可能性が増す。ここで取引相手と協力ができるかどうかが、市場の機能に大きな影響を与える。

市場の規範とこれを人々が守るための仕組みを意識して作らないと、次々に新しい取引相手と出会う大きな市場での取引は円滑に行えない。もし、一部の人が相手を裏切って利益を得てもこれを放っておくと、それまで相手に協力していた人も裏切るようになる。こうして市場関係者の多くが次々に相手を裏切るようになると、規範はなくなり、ついには相互に利益のある取引が行えなくなる。[4]

こうならないためには、規範を守ることを強制する必要も出てくる。人々が規範を守るようにする仕組みとして、国という組織が有効に働く可能性がある。

①論語が語る強制と良心

取引相手の拡大が顕著にみられたのは、二千年余り前のユーラシア大陸だろう。大陸の東部では、春秋、戦国時代を経て秦漢帝国が成立した。この頃の指導者は、それまで人類がつちかってきた相互協力をもたらす良心の可能性と限界について、真剣に考えたに違いない。人間の集団が大きくなり国という形をとる中で、国家による強制と、圧力と良心の喚起の使い分けの上手下手が、国力を左右したのではないか。

この時代に規範について論じたのが孔子である。孔子は、刑罰が適切でなければ人々が安心できないと言うとともに、刑罰だけに頼ると人々はこれを免れて恥じることがなくなるので「礼」が必要だと言った。[5] この「礼」については多くの解説があるが、当人と相手の立場に応じて定められた「適切な行為の型」だと考えられる。[6]

孔子の議論は現代の消費市場にも通じる。たとえば製品安全の任意規格や企業のマネジメントシステムは「適切な行為の型」である。規格は消費者を相手とする事業者の立場、マネジメントシステムは雇用を相手とする管理者の立場という、それぞれの立場に応じて定められた行為の型だと考えれば、「礼」と呼べる。

市場は強制がないと安心できない。しかし同時に、良心が喚起されなければ人々は規制を免れて恥じることがなくなる。孔子が人間としての自覚に訴えて「礼」を求めたように、今、国や自主組織が事業者としての自覚に訴えて製品安全や適切な取引に向けた自主的な行動を求めている。[7]

②西洋の民事法と東洋の行政法

二千年余り前のユーラシア大陸の西部では、ローマ帝国が栄えた。帝国とともに拡大しつつあった市場で、規範はどのようにして作られ守られただろうか。

東アジアで国家統治について行政や刑罰の観点を中心に語られていたころ、ヨーロッパでは、民事に対応する規範が生まれ、活用されていた。昔の東アジアの法が官僚や武士など国の管理者を対象にしていたのに対して、ヨーロッパでは市民を対象にした民事法があった。[8][9] この東アジアの法とヨーロッパの法は、今の消費者問題に関連した行政組織による対応と民事組織による対応を思い出させる。[10]

最近、日本でも民事ルールの重要性は高まっている。たとえば認知症のお年寄りなどに膨大な商品を売りつける悪質訪問販売事業者に返金させるために、特定商取引法に過量販売取消しの民事ルールが作られた。

国際的な民事ルールにも期待が寄せられている。商圏が国境を越えて拡大してきたため、製品の安全規格、インターネットによる取引や支払いなど、様々な課題が出てきた。そこで、消費市場に関係する国際的な規範について検討する場合、国による現行制度の違いだけでなく、歴史的な背景も含む考え方の違いを意識し、民事ルールについて考えることが役立つ可能性がある。

2　日本の伝統的な市場

(1) 繰返し取引で育まれた良心

鎌倉時代から室町時代にかけて、幕府は主従関係のある武士には規範を強制しても、一般の人々の経済活動、中でも市場に対してはあまり介入しなかった。[11] それでも市場の規範が守られた背景には、自治的都市等の自主組織の圧力や良心の働きがあったと想像できる。

全国統一の過程で自治的都市は幕府の支配下に組み込まれ、[12] 江戸幕府は仲間組合の公認による物価抑制など商人に対する政策も行った。[13] しかし、市場の規範は主に市場参加者によって作られ守られたと考えられる。「市場が人を道徳化」したともいわれる。[14]

人を道徳化する市場とは、事業者の評判などの情報がよく伝わり、繰返し取引が大半を占める市場と考えられる。当時の消費者は少ない種類の商品を徒歩圏の店から繰返し買った。これなら、正直でない商売をすると相手は二度と取引しなくなる。周りにも悪評が立って、誰からも買ってもらえなくなる。江戸時代の日本では、このような消費市場が成立し、この中で商人の良心が育っていったのではないか。伊藤仁斎の道徳観にも、人と争わない行動様式が見える。[15] 日本の商人道は、相手と協力するという石田梅岩の思想を引き継いでいるともいわれる。[16] 協力を重視し現代にまで受け継がれている家訓もある。[17]

日本が大陸から海で隔てられ、大規模な民族移動のない島国だったことは、規範の継続、深化に貢献した可能性がある。

（2）相互監視がもたらした圧力

ある家訓を掲げる商人の集団が信頼できれば、消費者は、自分で品質を見極めることができなくても、その商人を信頼して購入するようになる。このような信頼が損なわれないよう、商人の仲間は、共有する家訓を守るように互いに監視し圧力をかけたのではないか。同様に、伝統的工芸品などの産地でも、消費者が産地を信頼して購入できるように、産地の製造事業者は一定の品質を確保するよう互いに圧力をかけたことが考えられる。こうして消費者の信頼を得る事業者や産地の需要が伸びていけば、他の事業者や産地も、消費者の信頼を得ることによって売り上げを伸ばそうとする。その結果、消費市場全体に、消費者の信頼を得るための規範が行き渡っていく。

日本の昔の市場にはこのような監視と制裁による圧力が働き、監視されることによって協力するという行動様式ができた。日本人が相手に協力する背景には、相互監視と制裁があった[18]。

3　現代の日本の消費市場

現在の日本の消費市場で、相手と協力する規範はどれほど保たれているだろうか。

相手と協力しやすい性質に関する研究はある。[19] 協力と関連する態度が「法以前の道徳」という言葉で示唆されたこともある。[20] しかし、昔と比較したわけではないので、協力的な人が増えたか減ったかはわからない。また、外国と比較したわけでもないので、日本に特徴的な性質かどうかもわからない。

一方、現代の日本の消費市場では相互の協力を促す働きが以前よりも弱まったと考えられる要素がある。以下で解説する。

（1）繰返し取引の減少

日本の消費市場は、昔と比べると、繰返し取引による協調が起きにくくなった。商圏が広がり、商品が多様化したからだ。

商圏の拡大は、急速に起きている。徒歩でなく電車や車で遠くに買い物に行くことに加え、新しい形態の通信販売が伸びているのだ。インターネットや携帯電話を使って、事業者と消費者とが顔を合わせることなく物やサービスの購入を契約できる販売形態である。このような商圏の拡大によって、ある消費者が特定の事業者と繰返し取引をすることが減ってきた。

インターネット通販の場合、特定のショッピングモールのサイトで検索して商品を選び購入する行為を繰返しても、実際の契約相手であるショップは様々である。ショップとモールの区別がつかずモールと取引しているように誤解する消費者もいるが、実際の取引相手はショップである。同じモールを使い続けても繰返し取引ではないことが多い。

商圏が国境を越えている場合も増えた。たとえば悪質な事業者の一部は、インターネットによるクレジット決済で海外の決済代行業者を使う。[21] 消費者には、自分の購入契約が誰とどのように結ばれ、支払いが誰にどんな形で行われるのかわかりにくい。取引の相手がわかりにくければ、よい相手を見極めて取引することができない。

また、製品の数が増え、新製品が次々に開発されて数年前と同じ物は売られていないことが多くなった。たとえば家電製品など、買い換えるときは新しい機種が出ていて、同じ商品を繰返し購入する可能性は低い。

こうして繰返し取引が減少した結果、1回限りの取引で相手を裏切って利益をあげる環境ができた。安価な粗悪品を売って利益を得て、製品事故が起きれば対処せずに行方不明になる事業者も目立つ。江戸時代の「市場が人を道徳化する」状況が同じ形で続いているとは言い難い。

(2) 相互監視の弱まり

日本の消費市場では、相互監視も働きにくくなった。信頼できる評判が得られにくくなったからだ。

新製品が次々に出る中で、消費者が品質を見極めることが困難になった。製品が複雑になったことも、品質の見極めを困難にした。たとえば、反物の染めむらなら消費者でも見ればわかり、事業者の責任を問い悪評を広めることができる。しかし、パソコンの不具合では、そうはいかない。ハード、ソフト、通信と使い方の問題が絡み合い、消費者が不具合の原因を判断しにくい。

品質以外でも、信頼できる評判は伝わりにくくなった。商圏が拡大すると、近所での評判では事業者を見分けられない。インターネットでは短期間に評判を含む多くの情報が伝わるが、事業者自身が流すうその評判も真実の評判との見分けがつかず、消費者としては必ずしも信頼できない。ネットには、事業者が本当は誰なのか消費者にわからせないままで様々な取引を行う悪質業者もいる。

地域共同体が大きくなってきたことも、相互監視を難しくしている。たとえば街並みとの関連で、小売業での相互監視による規範遵守が小さな共同体でしか機能しないとの指摘がある。[21] 街並みは見えやすいため取引の内容に関する規範よりも監視が働きやすいが、それでも空間が広がると規範が守られにくくなる。外から見えにくい取引の規範ではなおさら、商圏が広がるにつれて監視が働きにくくなる。

こうして、規範遵守の圧力を支えていた相互監視が働きにくくなった。昔の日本の市場では相互監視が行き届いた中でお互いに協力することが自らの利益になったが、今は変わった。監視があるから協力するという心理が今にもある程度引き継がれている一方で、市場を監視する世間の力は弱くなっている。

（3）意思疎通の変化

取引相手と情報を伝達し意志を伝え合うコミュニケーションの手段が変わってきたことも、協調を難しくしている可能性がある。通信手段の発達によって、相手をだましやすくなったのだ。

店舗などで顧客に自分の顔を見られていると、表情を読まれる。相手の人間性も、直接感じられる。電話勧誘なら、自分の顔は見られず、相手は電話の向こうなので、顔を合わせて話す時よりもうそをつきやすい。メールを送るとなれば、声の調子に気をつけることもなく、既存の文面を貼付ければよい。相手の表情や声も伝わってこない。事業者がサイトを作り、消費者はその一部をクリックすることによって意志を伝えるという場合は、メール以上に意思疎通のあり方が限られる。こうなると、相手を人間として実感しにくい。

霊長類や人類は、進化の過程で他の個体と協調する性質を獲得した。この性質は、同種の個体の間で発揮される。直接物理的に相手にする対象がパソコンや携帯である場合は、実際に人と向き合って話す場合に比べて相手と協調する性質が働きにくいかもしれない。便利でも人間同士のつながりを感じにくい通信手段の発達によって、相手をだますことのうしろめたさが薄まった。このことが裏切り行為を促している可能性がある。

（4）所属する集団の変化

現代の先進国では、他の人と協力しなくても飢えなくてすむようになった。相互協力の性質は、進化の過程で、他との協力がうまくできなかった個体が飢えて子孫を残せず、構成員同士が協力できない集団は衰退し滅亡するという厳しい状況の中で培われてきたとされる。しかし、今は協力しない人も生き残れる。

また、昔は地域共同体の仲間と協力しないと村八分にされるおそれがあり、村八分になると日常生活にも困った。しかし、今の地域共同体は集団が大きくなって、誰かを村八分にするだけの拘束力はない。仮に町内の誰からも取引されず口をきいてもらえなくなっても、交通手段やインターネットを活用すれば、それほど不自由せずに生きていける。

集団が極めて大きくなった現在、自分が相手を裏切る事業を行っても集団全体の機能を阻害する度合いは大きくないと考える人は増えている。自分が悪いことをしても、それで地域経済が傾くわけではないと思うのである。市場を悪用して利益を得られると思う人が増えて、市場全体が機能しなくなる危険性は高まっている。

一方、地域共同体に代わって現代の日本人の多くが所属意識を持っている集団として、企業がある。多くの日本の組織は、そこに働く人々を専門的な知識やスキルではなく組織や上司に対する忠誠心で評価する。[22] 自分自身でものごとを判断するのでなく職場の価値観に従う姿勢は、職場の外にいる消費者と協力することを難しくするおそれがある。自分の所属する企業が悪質な勧誘を数多く行っていることを知っても、その企業に忠誠を尽くし続けた人は多い。収入を得るためにやむを得ず勤務を続けた人もいただろうが、それだけではない。相当数の人間が、職場の上司や同僚と共感を確認し合う中で、「だまされる方が悪い」という価値観に染まっていったのだ。

4　変化した市場への対応

このような市場の変化によって、規範が守られにくくなった。これが、今世紀にはいって次々に現れた消費者問題の背景にある。問題を放置し、規範の不遵守が増加して一定の臨界を超えると、正直に規範を守る動機がどんどん失われていく。市場参加者の多くが相手を裏切って利益を得ようとするようになり、市場が機能しなくなる。

市場の機能を守るために、行動が必要である。規制強化か規制緩和かとか、営業の自由と消費者の権利のどちらを重視するかとかいった二元論では解決できない。良心や世間の圧力による規範の遵守が昔ほど有効に働きにくくなった中で、強制の執行にも従来以上に目を向ける必要がある。同時に、現在の社会構造に合った形で圧力を活用し良心を喚起する手法を模索する必要もある。

現時点で結論を出すことはできないが、製品安全と取引の問題について、考え方の案を以下で提示してみたい。今後の議論に役立つことを願う。

（1）製品安全

製品安全の関係の問題を検討するための枠組として、リスク評価の基本的な考え方がある。製品安全の問題がどれほど深刻なものかは、製品事故が起きた場合の被害の大きさと起きる確率（図1－6）から判断される。この考え方をもっと単純化して図終－1に示す四つの分類に分けた。

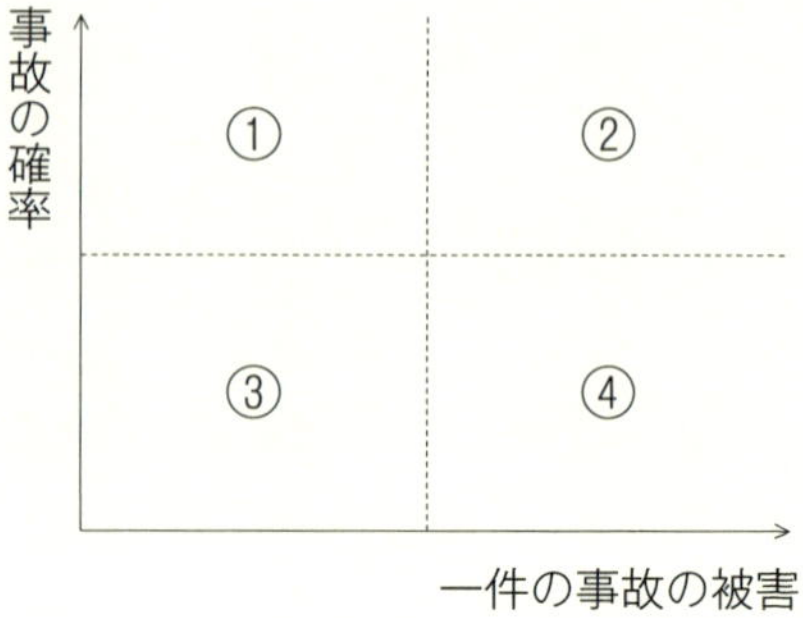

図終－１　製品事故のリスクによる分類

①被害が小さく確率が高い

小さい被害が高い確率で起きることが予想される場合、任意規格、自主行動基準などの圧力が有効に働く。対策の主体としては自主組織の役割が大きいが、規格の制定や周知などで行政組織が果たす役割もある。遵守費用が被害額より小さいと予想されれば、強制規格が有益なこともある。規格を作る場合は国際的な規格の動向も視野に入れ、できる限り国際的な整合性をとる。

事故に関する情報共有や共通知識の形成、切磋琢磨による良心の喚起も有益である。業界団体や専門家集団が果たす役割が大きい。消費者団体による消費者への注意喚起も役立つ。行政組織から消費者への注意喚起もありうる。

②被害が大きく確率が高い

被害が大きく確率が高いリスクがあるなら、行政組織が被害を予防するために安全規格などの法令を強制する必要がある。自主組織の活動も含めた情報共有や共通知識の形成など、圧力や良心の喚起による対策も行う。このような危険についていち早く知って適切に対処するために、海外との協力も重要である。

事故が起きた場合、被害の拡大を防ぐために必要があれば、行政組織による製品回収等の命令もありうる。事故の責任がどの程度事業者にあるか、賠償や刑罰について民事組織や刑事組織が判断する。

③被害が小さく確率が低い

被害が小さく確率も低い場合、製品に原因があれば事業者が代替品の提供などの対応を行う。たとえ被害が小さくとも、これが大事故の兆候である場合がある。そんな事故の情報を広く共有し改善に向けて切磋琢磨することは、より安全な技術やノウハウをもたらす力になる。事故に至らない「ヒヤリ、ハット」と呼ばれる危険な兆候を察知してその情報を共有することも、安全性を確保する技術や経営の能力を高めるために効果がある。このような情報共有や切磋琢磨では、業界団体や専門家集団、学会などの自主組織が重要な役割を果たす。

この分類では、法による強制の費用対効果はあまり高くない。もし事故が起きれば、業界を越えた情報共有などで、行政組織が役立つ場合もありうる。一層の安全を目指す優れた事業者についての情報共有を促すことによって、事業者にポジティブな圧力をかけることも有益である。

④被害が大きく確率が低い

製品事故の確率は低いが起きた場合の被害が大きいときは、事故が起きた場合の対応が重要である。事故の責任がどの程度事業者にあるか、賠償や刑罰について民事組織や刑事組織が判断する。

低い確率の大きな被害について情報を得て適切に対応するためには、海外での事故や対策に関する情報が役立つ。このような情報の共有や共通理解の形成に、自主組織の活動が効果的である。

行政組織が強制を行うべきかどうか、一概にはいえない。1人当たりの被害が重い上に多くの人に事故の影響がある場合は、行政組織が法令を強制することの効果が費用を上回る可能性がある。簡単な使用上の注意で事故が防げる場合は、圧力や良心の喚起が効果的である。

(2) 取引の問題

取引の問題では、製品安全のような被害額と確率による分類は適切でない。[24] 注目すべきは、手口の悪質性である。悪質性を判断するに当たって、たとえば事業者の側から消費者の都合にかかわらず住宅や職場を訪問したり電話をかけたりメールを出したりする不招請勧誘は、消費者の側から店に行く場合よりも注意する必要がある。

悪質な事業者に対しては、行政処分、民事的な被害回復、刑事罰などの強制が必要である。悪質商法やその支払い手段が国境を越えて行われる場合など、海外との協力が必要なこともある。

悪質事業者は、既存の法規制の目をかいくぐる手口を次々に編み出してくる。強制による規範遵守が機能するためには、新しい手口に対応できる制度改正が必要である。たとえば特定商取引法の改正で悪質訪問販売への規制が強化された後、悪質訪問買取りが増加した。このため消費者庁「貴金属等の訪問買取りに関する研究会」は、２０１１年12月の中間とりまとめで悪質行為に対する現行の消費者法等の限界を示し、特定商取引法を改正して訪問買取りに対応すべきとした。

悪質な事業者に消費者がだまされないための情報提供も重要である。消費者への注意喚起や相談など、消費者団体等の自主組織の活動も役立つ。事業者団体にも、会員が悪質行為を行わないように、又は悪質事業者と取引しないように、圧力を加える役割がある。専門家集団や学会等の活動も有益である。

一方、悪質性は高くないけれど改善の余地がある広告や顧客対応もある。これらについては、自主組織による圧力や良心の喚起が役立つ。行政組織による指示や注意喚起もありうる。よりよい顧客対応などについて相互に確認する国際的な情報交換の場もある。

事業者団体や専門家の集まりが、よりよい広告や顧客対応方法を広めていくことも有意義である。事業者のよりよい情報提供、取引形態や顧客対応を認識し、このような事業者から購入できる消費者を増やすためには、消費者団体等による情報提供が役立つ。

5　市場の規範がもたらすもの

消費市場が適切に機能するための規範は、何をもたらすだろうか。まず経済について、次に国について、最後に世界について、理想を語りたい。

(1) 経済の繁栄

構成員の多くが他人にも利益を及ぼすように行動する集団は、そうでない集団よりも繁栄する。事業者は、買い手の役に立つ製品やサービスを正直な営業や正確でわかりやすい表示で提供し、万一事故が起きたら製品回収や設計変更等で次の事故を防いでほしい。消費者は、よい事業者のよい製品やサービスを選んで購入し、万一悪質業者から被害を受けたら返金や補償を求め、悪い評判を流して他の消費者の購入を防いでほしい。各人がこのように行動する動機を提供できる市場なら、経済は栄える。

逆に、構成員が他人の足をひっぱる方向に動機づけられたら、各人が努力すればするほどその集団の機能は下がる。たとえば、人々が安全を犠牲にして安く作り、危険性をごまかして販売し、事故が起きたときにうまく責任を逃れるように動機づけられると、各人が努力すればするほど生産能力は下がる。また、人々が上手にうそをつき、不利なことをかくし、返金を求められたときにうまく逃れるように動機づけられると、各人が努力をすればするほど、産業の付加価値は下がる。

今世紀に入って、日本では消費市場の変化に伴い多くの問題が現れた。良心だけに頼ることはできない。市場が変化する中で一定の強制力が働かなければ、規範の不遵守が臨界を越え、悪質行為が市場を席巻してしまうおそれがある。同時に、強制だけですべての問題を解決することもできない。強制によって市場での規範の違反が臨界を越えないようにするとともに、圧力や良心の喚起による規範の遵守を促す必要がある。[25]

（2）国の発展

強制と圧力と良心が適切に機能している市場では、人々は、他人のために行動することが自分のためにもなると考えて行動する。また、相手も他人に配慮して行動することが自分のためにもなると考えて行動するだろうと考える。そんな市場では、生産者も販売者も消費者も、相手を信じて生産、販売、購入することができる。そんな市場がある国では、よりよい商品やサービスが開発され、生産技術が向上し、顧客対応や経営管理のノウハウが蓄積する。そんな職場では、雇われた若者は社会全体のためになる技術やノウハウを身につけ、能力を伸ばし、次世代の産業を築く力をつけることができる。そんな国には、人材が世界から集まる可能性がある。また、成長する企業を見極めたいと願う世界中の投資家は、そんな国に投資したいと考えるだろう。

国の発展の鍵は、このような市場の規範にある。消費者と事業者がともに信頼できる市場を築くことが、発展をもたらす。領土が広いことや資源が豊富なことは、発展の条件とはならない。[26]

市場の規範は、公共財である。誰かが使えば他の人は使えない領土や資源と異なり、どこかの国によい規範があれば、習えばよい。自国の発展を目指すなら、他の国家の規範やこれを守るための対策について学び、よいものがあれば、自国でもうまくいくか検討し、うまくいきそうならまねることができる。市場は社会のあり方とも関係しているため対策が他の国と同じように機能するとは限らないが、参考にはなる。国と国はお互いの市場の規範を学び合うことによって、双方とも発展することができる。

（3）国際的な規範

法律やこれを強制する組織も、圧力や良心を形作る文化や歴史も、市場の規範の基本は国単位である。しかし、貿易が拡大し消費者の契約も国境を越えることが増えている中で、国際的な規範も重要になっている。

国際法には、国内法にあるような強制手段がない。国際的な規範の多くは、評判の機能などを利用して、圧力と良心によって守られる。[27]たとえば製品安全の分野では、事故情報や対策などの情報が国家間で交換されると同時に、ＩＳＯ等の自主組織が活躍している。人々が毎日かかわる消費市場の機能を確保するための国際規範がつくられ、遵守確保に向けた努力が行われることは、国境を越えた共同体の価値を多くの人々に感じさせる力になるのではないか。[28]

国際的な消費市場は、人々が国や文明・文化を越えて共通の経験し、その場をよりよいものにするために協力し、協力の成果を共に楽しむ機会を提供するかもしれない。世界政府を作って世界中に強制力を持つ法を作ることは当分考えられないが、消費者の信頼で経済の繁栄を築くことの価値を多くの人が認識し、信頼できる市場のために努力することは、国を超えた共同体意識を芽生えさせるかもしれない。

消費者の信頼を築くことは、経済を繁栄させ、国の発展をもたらし、国際的な規範を育て、平和で豊かな世界を築くことにつながる。

6 まとめ

消費者が信頼できる市場は、経済の根幹である。豊かで平和な国や世界にも貢献する。

私たちは消費者として経済を支えたい。危険な製品を買わず、悪質商法にだまされず、納得できる取引をしたい。技術やノウハウを生み出し人材を育てる事業者が生産し販売する製品やサービスを購入することにより、努力する人たちを応援したい。

これが可能であるように、心ある事業者は、安全な製品を提供し正確な情報をわかりやすく伝えて、市場の規範の構築と維持に貢献してほしい。行政組織、民事組織、刑事組織はそれぞれにふさわしい形で強制力や圧力を行使し良心を喚起して悪質事業者を排除し、心ある事業者が報われる市場を支える必要がある。事業者団体、専門家集団、消費者団体、学会などの自主組織にも、重要な役割がある。海外にも目を向けて、よりよい消費市場を目指して世界の人々とともに歩みたい。

この本の作成にお力をくださった方々とお読みくださった読者に、心から感謝を申し上げる。

注

はじめに

1　John Maynard Keynes（1936）*The General Theory of Employment, Interest and Money*（塩谷九十九訳（1941）『雇用・利子および貨幣の一般理論』第五章の冒頭。第三版　東洋経済新報社54頁）

2　内閣府（２００８）『平成20年版国民生活白書』第２－１－25表

3　消費者政策に関わる文献を分野横断的にサーベイしたものとして、谷みどり（２００８）経済産業研究所ポリシー・ディスカッション・ペーパー　シリーズ　０８－Ｐ－００３『消費者政策と市場の規範』がある。(http://www.rieti.go.jp/jp/publications/pdp/08p003.pdf)

序章

1　国民生活センター　２０１１年８月25日発表「２０１０年度のＰＩＯ－ＮＥＴにみる消費生活相談の概要」貴金属等の訪問買取りの相談数は、消費者庁『貴金属等の訪問買い取りに関する研究会　中間とりまとめ』による。

2　消費者庁の設置については以下の解説がある。ジュリストＮｏ．１３８２(２００９年７月15日号)特集１「消費者庁の設置に向けて」内閣官房消費者行政一元化準備室「消費者関連３法の概要」、宇賀克也「消費者庁関連３法の擬陽性法上の意義と課題」、吉岡和弘「動き出す『消費者庁』と『消費者委員会』」
斎藤憲道編著（２００９）『消費者庁――消費者目線で新時代の経営を創る』商事法務
村千鶴子編著（２００９）『これからどうなる消費者行政――消費者庁の仕組みと所管法令のポイント』ぎょうせい

3　特定商取引法については第２章で紹介する。

4　消費者相談の窓口は本省のほか、北海道、東北、関東、中部、近畿、中国、四国、九州に置かれた経済産業局と沖縄総合事務局経済産業部に置かれている。これらの連絡先等は、『消費生活安心ガイド』に掲載されている。<http://www.no-trouble.go.jp>

5　２００９年度の消費者相談については、以下の報告がある。
経済産業省（２０１０年９月）『平成21年度の消

費者相談について』
経済産業省（２０１０年11月）『平成21年度　消費者相談報告書』
２０１０年度の数値も発表されているが、消費者庁設置による所管変更等の影響もあるため、ここでは２００９年度までの数値をみる。過去の数値は『平成17年度の消費者相談について』ほか、経済産業省

6　独立行政法人製品評価技術基盤機構（ＮＩＴＥ）のサイト（http://www.nite.go.jp/）には、重大製品事故以外の事故を含めた情報がある。リコールに関する情報も掲載されている。

7　特定商取引法のこれまでの改正については、経済産業省（２００９）『特定商取引に関する法律の解説　平成21年度版』商事法務に掲載されている。

8　たとえば、家庭を訪問するだけでなく、道ばたで消費者に声をかけて営業所に連れて行って契約させる「キャッチセールス」と呼ばれる手法なども、訪問販売の定義に入った。

9　割賦販売法については、経済産業省（２００９）『平成20年版　割賦販売法の解説』日本クレジット協会に詳しい解説がある。

10　アダム・スミスが18世紀に行った授業の記録には、以下がある。

「人びとがたまにしか相互に取引をしないところでは、われわれはかれらが、いくらかだまそうという気持になっていることを知っている。なぜならかれらは、抜目のない仕かけによって、そのことが自分たちの評判を傷つけて失わせうるよりも多くを、手にいれることができるからである。」

Adam Smith "Juris Prudence or Notes from the Lectures on Justice, Police, Revenue, and Arms delivered in the University of Glasgow by Adam Smith Professor of Moral Philosophy"（邦訳　水田洋訳『法学講義』岩波文庫　２００５年　４０１頁）

11　Robert Axelrod（1984）*The Evolution of Cooperation*, Basic Books, New York（邦訳　松田裕之訳（１９９８）『つきあい方の科学』ミネルヴァ書房　１９２頁）

12　Robert Sugden（2004）*The Economics of Rights, Co-operation and Welfare*, Palgrave Mcmillan（友野典男訳（２００８）『慣習と秩序の経済学――進化ゲーム理論アプローチ』日本評論社）

13　太田勝造（２００１）「消費者契約法制：善玉当事者と悪玉当事者」太田勝造編著『法の経済分析』勁草書房　１３８頁

14　松本恒雄は１９６０年代に始まった「行政規制と行政による被害救済」という第一の波と、１９９０年代頃からの「民事ルールの活用」という第二の波に対して、２０００年代に出てきた第三の波が「市場を活用した消費者政策」だと述べた。松本恒雄（２００３）『21世紀の消費者政策と食の安全』コープ出版

また、細川幸一は「消費者の権利・利益確保の方法」を、消費者の組織化、行政による支援、行政規制、民事規制、刑事規制、自主規制に分けて解説した。細川幸一（２００７）『消費者政策学』成文堂

15　岡本浩一は、最近の産業不祥事の共通点として、組織風土の「属人思考」を指摘した。岡本浩一（２００１）『無責任の構造』ＰＨＰ新書、岡本浩一（２００８）『ナンバー2が会社をダメにする』ＰＨＰ新書

16　近年、法による強制ではない「ソフトロー」に対する関心が高まっている。大村敦志は、消費者法を構想するには法的な問題と法以外の規範の全体を視野に入れる必要があるとし、ハードローの必要性を論じるとともに、ソフトローに着目する視点もとりあげた。大村敦志（２００７）『消費者法　第3版』有斐閣　28－30頁

また、東大では「21世紀ＣＯＥプログラム」として「国家と市場の関係におけるソフトロー」に関する一連の研究が行われた。ゲーム理論を取り入れた論文も発表されている。藤田友敬・松村敏弘（２００５）「社会規範の法と経済――その理論的展望」『ソフトロー研究』第1号、藤田友敬・松村敏弘（２００７）「社会規範の生成と変化：経済モデル」『ソフトロー研究』第8号

17　行政手続法、訴訟法等には多くの手続きが定められており、執行に関わる公務員の数や経費には制約がある。

18　Michael Suk-Young Chwe,（2001）*Rational Ritual: Culture, Coordination, and Common Knowledge*, Princeton University Press（安田雪訳（２００３）『儀式は何の役に立つか――ゲーム理論のレッスン』新曜社）

19　ただし、取引関係者に対する財政的な圧力については、この本では扱わない。多数の消費者取引に対して補助金や租税特別措置で圧力をかけようとすることは、効率的でない。

20　この本で「良心」という言葉は、社会学などで使われる規範の「内面化」と同じ意味で使っている。「内面化」という言葉の方が「良心」よりも価値観を含

まない中立的な言葉だが、一般的にはなじみがないため「良心」という言葉を選んだ。良心の方が強制や圧力よりも良いと言いたいわけではない。

また、よい行為を重ねていけば一般的な自分の評判がよくなるだろうと考えてとる行動は、良心による行動と考える。圧力として考えるのは、ある行為とその結果が具体的に対応している場合、つまり、ある行為の具体的な動機が外見的に明らかである場合だけに限る。

第1章

1 2007年5月以前もガス機器による一酸化炭素中毒等の事故についてはガス事業者の国への報告義務があったが、この内容が必ずしも製品安全の担当部局に伝わっていなかったという問題があった。

2 援川聡（2007）『困ったクレーマーを5分で黙らせる技術』幻冬舎

3 平成18年9月4日付、経済産業省原子力安全・保安院発表「ガス風呂釜及びガス瞬間湯沸かし器の排気筒の設置不良等に係る一酸化炭素中毒防止対策の促進について」

4 事故事例は、「製品安全ガイド」（http://www.meti.go.jp/product_safety）から。

5 2008年度までのエネルギー需要は、2010年版エネルギー白書160頁に記載されている。2009年の電力需要は、総合エネルギー統計から。

6 2006年8月28日付けで発表されたガス瞬間湯沸器の事故の調査と、これを踏まえた製品安全政策の総点検についての経済産業省の報告書に、事故の詳細について記載されている。<http://www.meti.go.jp/topic/downloadfiles/e60828dj.pdf>

7 政府統計局の労働力調査 2010年（2011年1月28日公表）<http://www.e-stat.go.jp/SG1/estat/List.do?lid=000001069808>『第2表 就業状態、農林業・非農林業、従業上の地位（非農林業雇用者については従業者規模）、年齢階級別15歳以上人口』から。

8 政府統計局の人口推計。<http://www.stat.go.jp/data/jinsui/new.htm>

9 2006年8月23日付けで、シュレッダーによる事故の再発を防ぐため、経済産業省から事故関連の情報が周知された。

10 厚生労働省『世帯構造別にみた65歳以上の者のいる世帯数及び構成割合の年次推移』<http://www.mhlw.go.jp/toukei/saikin/hw/k-tyosa/k-tyosa06/1-2.html>

11　経済産業省は2006年7月4日、製品評価技術基盤機構（NITE）によるこの事故の調査結果を発表した。なお、経済産業省の発表は経済産業省のサイトの「報道発表」に日付順に掲載されている。<http://www.meti.go.jp/press/index.html>

12　2007年3月の製品安全点検日セミナー等で経済産業省が配布した「大人用資料・製品事故から身を守るために」は、ハロゲンヒーター等電気ストーブのリコールに関して、リコール実施中の17例とともに、リコールしていた事業者が倒産又は行方不明の3社と、輸入事業者が負債等で対応できないために販売事業者が自ら販売した製品に限り回収している例を紹介している。

13　経済産業省の発表（2009年5月25日）によれば、電気髭剃り器の充電器で800件を越える事故が起きていた。

14　経済産業省（2005年2月25日発表）ディスポーザー及び台所用洗剤等の連鎖販売取引に対する特定商取引法に基づく処分の発表文。特定商取引法に基づく処分は、「消費生活安心ガイド」に掲載されている。<http://www.no-trouble.go.jp>

15　経済産業省（2008年2月21日発表）連鎖販売取引に対する特定商取引法に基づく処分の発表文。

16　製品安全に関する法律については、次の「強制規格」の項で解説する。事業者の表示義務については、「製品安全ガイド」の「事業者の義務」に掲載されている。

17　2007年5月まで、日本では重大製品事故の報告義務は法定されておらず、事業者団体を通じてその会員に、重大製品事故があれば国に報告するように要請していた。しかし、2006年に家庭用シュレッダーで子どもが指をなくす事故が問題になったとき、シュレッダーの販売事業者は事業者団体の会員ではなく、国に報告する必要があるとの認識はなかった。重大製品事故の報告は、以前は個別事業者の良心と事業者団体の圧力で行われていたが、消費者が使う製品が増え、製造事業者、輸入事業者の範囲が広がる中で、強制が必要となった。

18　制度の詳細は、「製品安全ガイド」（http://www.meti.go.jp/product_safety）の「製品事故情報報告・公表制度の概要」に掲載されている。消費者庁は、消費生活用製品安全法に基づいて報告された重大製品事故の情報と、消費者安全法に基づいて各府省庁、国民生活センター、地方の消費生活センター等から得た情報を集約し、サイトで公表している。

19　具体的な指定品目など制度の詳細は、「製品安全ガイド」に掲載されている。

20　新しい基準の詳細などは、２００７年８月31日の経済産業省の発表「電気用品安全法に基づく電気用品の技術上の基準を定める省令の改正について」に記載されている。

21　リチウムイオン蓄電池に関する新しい規制の詳細については、経済産業省のサイト「製品安全ガイド」の電気用品安全法の部分に掲載されている。

　電気用品安全法と関係する政令、省令については、経済産業省商務情報政策局製品安全課編『電気用品安全法関係法令集』が２００８年５月に改訂され、社団法人日本電気協会から発行されている。電気用品安全法に基づく技術基準については、『電気用品の技術基準の解説』の改訂版が２００９年２月に発行されている。

22　ガスこんろの規制の詳細は、「製品安全ガイド」のガス事業法等の部分に掲載されている。<http://www.meti.go.jp/product_safety/producer/shouan/gasu_shitei.htm>

23　浴室乾燥機や電気床暖房に関するものを含む技術基準改正の詳細は、２００９年９月11日の経済産業省の文書「電気用品の技術上の基準を定める省令の一部の改正について」に掲載されている。<http://www.meti.go.jp/policy/consumer/seian/denan/hourei/gijutsukijun/090911_revise/kaiseigaiyou_090911.pdf>

24　石油燃焼機器の消費生活用製品安全法に基づく指定については、「製品安全ガイド」に掲載されている。<http://www.meti.go.jp/product_safety/producer/shouan/sekiyu_shitei.htm>

25　ライターを含む消費生活用製品安全法の技術基準については、経済産業省の２０１０年12月24日付け「消費生活用製品安全法特定製品関係の運用及び解釈について」に記載されている。安全なライターの種類などについては、「製品安全ガイド」の「消費生活用製品安全法のページ」に記載されている。

26　経済産業省（２０１０年５月25日産業構造審議会製品安全小委員会資料）『電気用品安全法技術基準等体系見直し検討状況について』

27　２０１１年５月31日に開催された経済産業省産業構造審議会消費経済部会製品安全小委員会でも関係資料が配付された。

28　制度の詳細は、２００８年８月に経済産業省が発表した「消費生活用製品安全法等に基づく長期使用製品安全点検制度及び長期使用製品安全表示制度の解説～ガイドライン～」に記載されている。

29 消費者庁のサイト『製造物責任（ＰＬ）法について』<http://www.consumer.go.jp/kankeihourei/seizoubutsu/pl-j.html>

30 国民生活センターのサイト『製造物責任法（ＰＬ法）による訴訟』<http://www.kokusen.go.jp/pl_l/index.html>

31 飯塚和之『電気ストーブの使用による化学物質過敏症』廣瀬久和、河上正二編『消費者法判例百選』別冊ジュリストNo.２００　２０１０年６月　１９５頁

32 土庫澄子『幼児用自転車と指示・警告上の欠陥』廣瀬久和、河上正二編『消費者法判例百選』別冊ジュリストNo.２００　２０１０年６月　２０４頁

33 長沼健一郎『介護用ベッドの設計上および指示・警告上の欠陥』廣瀬久和、河上正二編『消費者法判例百選』別冊ジュリストNo.２００　２０１０年６月　２１０頁

34 これらの事故と回収命令については、２００６年９月26日に開催された産業構造審議会消費経済部会製品安全小委員会の資料で解説している。

35 ＪＩＳについては、日本工業標準調査会のサイトに、基本的な事項に関するＱ＆Ａが掲載されている。<http://www.jisc.go.jp/qa/index.html>

36 経済産業省産業技術環境局認証課『ＪＩＳマーク表示制度』<http://www.jisc.go.jp/newjis/pdf/jis_new_pamph.pdf>
ＪＩＳマーク表示制度に関する日本工業標準調査会のサイトもある。<http://www.jisc.go.jp/newjis/cap_index.html>

37 ２００８年５月27日付け　経済産業省の発表『福祉用具分野に係るＪＩＳマーク表示の開始について』<http://www.meti.go.jp/press/20080527008/20080527008.pdf>

38 ＳＧマークの詳細については、製品安全協会のサイトに解説がある。<http://www.sg-mark.org/home.html>

39 マーク付損害賠償制度については、消費者庁企画課『ハンドブック消費者２０１０』の２００頁以降に記載がある

40 ＰＬセンターの一覧は、『ハンドブック消費者２０１０』１９９頁に掲載されている。

41 消費生活用製品ＰＬセンターのサイト『相談の流れ』<http://www.sg-mark.org/plcenter_02.html>

42 ２００２年３月18日　司法制度調査会ＡＤＲ検討会第二回　配付資料『製品分野別裁判外紛争処理機関（ＰＬセンター）について』<http://www.kantei.

go.jp/jp/singi/sihou/kentoukai/adr/dai2/2siryou5.html>

43　鎌田薫『製造物責任と消費者法』廣瀬久和・河上正二編『消費者法判例百選』別冊ジュリスト№２００ ２０１０年６月　１６１頁

44　経済産業省『消費生活用製品のリコールハンドブック２０１０』<http://www.meti.go.jp/product_safety/recall/handbook2010.pdf>

45　経団連サイト『企業行動憲章』<http://www.keidanren.or.jp/japanese/policy/cgcb/charter2010.html>

46　経済産業省製品安全対策優良企業表彰サイト<http://www.ps-award.jp/>

47　消費者庁のサイト<http://www.caa.go.jp/>

48　「製品安全ガイド」<http://www.meti.go.jp/product_safety/>

49　基本法のこの条文が過失相殺の判断など裁判での間接適用を目的としたものとも考えにくい。

50　製品評価技術基盤機構のサイトの製品安全の「ポスター」<http://www.nite.go.jp/jiko/poster/poster.html>

51　『製品安全ガイド』の「イベント情報」に、セミナーの資料等が掲載されている。<http://www.meti.go.jp/product_safety/event/index.html>

52　経済産業省『子供用資料　せいひんじこからみをまもるために』<http://www.meti.go.jp/product_safety/event/070313/tenkenbi_no1.pdf>、『製品安全ガイド』の「お子様向け資料」も同じ内容である。

53　ＡＣＡＰ『お客様相談室　改訂2版』日本能率協会マネジメントセンター　１４６－１５３頁

54　主婦連合会サイト<http://shufuren.net/modules/news/article.php?storyid=43>

55　経済産業省（２００８）『消費生活用製品のリコール社告のＪＩＳの制定について』<http://www.meti.go.jp/press/20080318004/01_press.pdf>

56　経済産業省『消費生活用製品向けのリスクアセスメントのハンドブック第1版』<http://www.meti.go.jp/product_safety/recall/risk_assessment.pdf>

リスクアセスメントの手法は産業用の機器ではすでに採用されているが消費生活用製品の分野ではまだ普及していないため、２００９年度から宮村鐵夫を委員長とする「消費生活用製品におけるリスクアセスメントガイドライン検討委員会」で検討が行われてきた。

この審議会では、リコールハンドブックの改訂とリスクアセスメントハンドブックの策定について説明が行われている。説明資料は、以下に掲載されている。<http://www.meti.go.jp/committee/materials2/downloadfiles/g100525a04j.pdf>

57 経済産業省『消費生活用製品向けのリスクアセスメントのハンドブック第1版』17頁

58 2006年11月9日 経済産業省発表『製品安全総点検週間の実施について』

59 「製品安全総点検セミナー」は、以下の体制で開催された。

・主催 経済産業省、製品評価技術基盤機構(NITE)

・協賛 全国消費者団体連絡会、主婦連合会、全国地域婦人団体連絡協議会、日本消費者協会、日本消費生活アドバイザー・コンサルタント協会、日本生活協同組合連合会、全国大学生活協同組合連合会、製品安全協会、家電製品協会、日本ガス石油機器工業会、電気事業連合会、日本電気協会、電気保安協会全国連絡会議、日本ガス協会、日本簡易ガス協会、LPガス安全委員会、キッチン・バス工業会、ガス警報器工業会、日本通信販売協会、日本訪問販売協会、日本百貨店協会、日本チェーンストア協会、日本フランチャイズチェーン協会、日本ショッピングセンター協会、日本ボランタリー・チェーン協会、日本セルフ・サービス協会、全国スーパーマーケット協会、日本専門店協会、日本スーパーマーケット協会、日本小売業協会。2006年11月20日経済産業省『製品安全総点検セミナー』<http://www.meti.go.jp/policy/consumer/seian/contents/anzenweek/seminar_HP.pdf>

60 2007年3月2日 経済産業省発表『製品安全自主行動計画策定のためのガイドラインについて(製品安全自主行動指針)』

61 家電製品協会のサイト<http://www.aeha.or.jp/>

62 日本ガス石油機器工業会のサイト<http://www.jgka.or.jp/index.html>

63 キッチン・バス工業会のサイト<http://www.kitchen-bath.jp/>

64 たとえば広島を中心とした中国地方には、中国消費者窓口連絡協議会がある。

65 ACAPのサイト<http://www.acap.or.jp/>

66 記念式典等の概要は、『ACAP FORUM』2011年3月Vol.211に掲載されている。

67 ACAP(2011)『お客様相談室』日本能率協会マネジメントセンター 18頁

68 ACAP(2011)『お客様相談室』日本能率

協会マネジメントセンター　114頁

69　日本ヒーブ協議会サイト <http://www.heib.gr.jp/>

70　日本科学技術連盟サイト <http://www.juse.or.jp>

71　筆者が2008年にパネリストとして参加した「第38回信頼性・保全性シンポジウム」は、「グローバルビジネスにおける『品質と信頼性』」をテーマに開催され、宮村鐵夫が基調講演で、ブランド戦略、消費者保護と使用の信頼性・安全性を、グローバルビジネスで重要なものとして挙げた。日本科学技術連盟サイト「第38回信頼性・保全性シンポジウム　グローバルビジネスにおける『品質と信頼性』―ブランド戦略のコア・コンピタンスールポルタージュ」　文責　木村忠正 <http://www.juse.or.jp/reliability/symposium_38r&ms_repo.html#2>

　また、2011年7月に開催されたセミナー「迫りくる法改正、変わる安全設計――メーカー責任を果たすリスクアセスメントとは」では、世界の製品安全の動向等について向殿政男が講演し、リスクアセスメントハンドブックやリスクアセスメントの実践事例が紹介された。

72　製品評価技術基盤機構サイト『平成23年度　知の市場～製品総合管理特論　製品安全対策の基礎知識』<http://www.nite.go.jp/jiko/kouza/index2011.html> 知の市場については、<http://www.chinoichiba.org/> 参照。

73　『主婦連たより』第739号　2011年3月15日発行　3頁

第2章

1　「特定商取引法」は、1976年に立法された「訪問販売法」が、新たな問題が出てくるにつれて対象分野を広げ、「特定商取引法」と名前を変えたものである。現在、特定商取引法は、訪問販売、通信販売、電話勧誘販売、連鎖販売取引、特定継続的役務提供、業務提供誘引販売の6分野の取引を対象としている。

　特定商取引法の概要は、『消費生活安心ガイド』という国のサイトに掲載されている。http://www.no-trouble.jp/

　特定商取引法を解説する本として、以下がある。消費者庁取引・物価対策課、経済産業省商務情報政策局消費経済政策課（2010）『特定商取引に関する法律の解説　平成21年度版』商事法務、斎藤雅弘・池本誠司・石戸谷豊（2010）『特定商取引

法ハンドブック　第4版』日本評論社

2　特定商取引法に基づく処分は、消費者庁のサイトで公表されるほか、『消費生活安心ガイド』に国と自治体の処分一覧が掲載される。

3　2010年度の消費者相談については、以下の報告がある。国民生活センター（2011年8月発表）『2010年度のPIO－NETにみる消費生活相談の概要』、経済産業省（2011年7月発表）『平成22年度の消費者相談について』

　また、消費者取引の主なトラブルについては、消費者庁企画課『ハンドブック消費者2010』78頁以降に解説がある。日本広告審査機構が発行する『レポートJARO』など自主組織から出される情報にも消費者取引の問題が掲載されている。

4　経済産業省（2005年8月10日）住宅リフォーム工事の訪問販売に対する業務停止命令の発表文から。

5　経済産業省（2006年10月27日）整水器、浄水器等の訪問販売に対する業務停止命令の発表文から。

6　経済産業省（2007年8月8日）エステティックサービス、化粧品、サプリメントの訪問販売、特定継続的役務提供に対する業務停止命令の発表文から。

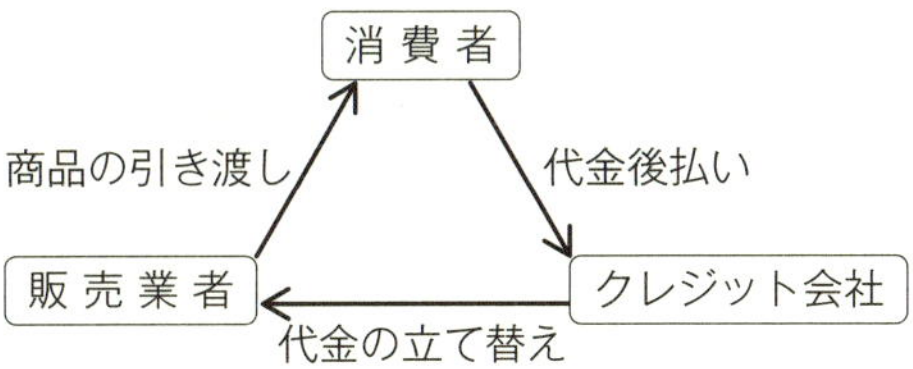

図2－1　クレジット契約のしくみ

7　クレジットの仕組は、図2－1のようになる。まず、販売業者が消費者に販売契約とクレジット契約を結ばせて商品を引き渡す。その後販売業者はクレジット会社から代金の立て替え払いを受け取る。最後にクレジット会社が消費者から後払いの代金とクレジットの手数料を回収する。

　クレジットに関わる消費者問題については、2006年6月7日の産業構造審議会割賦販売分科会基本問題小委員会で『クレジット取引に係る課題と論点整理について』がとりまとめられ、これが2008年の割賦販売法改正につながった。

8　勧誘の発言は、経済産業省（2007年11月22日）浄活水器、化粧品、健康食品等の連鎖販売取引に対する処分の発表文から。

9　勧誘の発言は、経済産業省『平成21年度　消費者

相談報告書』54頁

10 同62頁

11 同43頁

12 社名を増やして相談件数を分散させることなどによって、行政処分を免れようとする悪質事業者がある。

13 業務提供誘引販売取引は、「内職商法」「モニター商法」などとも呼ばれる。第3章で触れる在宅勤務の広告を出して研修教材を買わせた例が、これに当たる。

14 割賦販売法などクレジット取引に関連する資料は、経済産業省のサイトに掲載されている。<http://www.meti.go.jp/policy/economy/consumer/credit/>

改正内容には、個別クレジット事業者の登録のほか、過剰与信の防止やクレジットカード情報の保護がある。

改正後の割賦販売法の詳細な解説は、経済産業省商務情報政策局取引信用課編、社団法人日本クレジット協会発行の『平成20年版　割賦販売法の解説』に記載されている。体制整備については、247頁から解説がある。

15 財団法人日本産業協会のサイト『迷惑メールの統計』による。<http://www.nissankyo.or.jp/mail/graph/graph.html#zyusin>。日本産業協会は、消費者庁から受託して、迷惑メールに関する情報収集を行っている。

16 広告メールの「オプトイン」規制については、消費者庁・経済産業省（2009年9月）『「特定商取引に関する法律」及び「割賦販売法」の一部を改正する法律について』24頁に解説がある。<http://www.no-trouble.jp/#1233126730025>

また、特定商取引法の改正に関する説明会で用いられた「改正特定商取引法における『電子メール広告規制（オプトイン規制）』のポイント」も、『消費生活安心ガイド』の関係資料の頁に2009年1月30日付けで掲載されている。<http://www.no-trouble.jp/#1232679167401>

17 特定商取引法の再勧誘禁止規定については、消費者庁・経済産業省（2009）『特定商取引法に関する法律の解説』商事法務、に解説がある。訪問販売については54頁、電話勧誘販売については134頁である。詳しい運用指針は、『特定商取引法に関する法律第3条の2等の運用指針――再勧誘禁止規定に関する指針』に示されており、これは、以下のサイトに2009年8月6日付けで掲載されてい

る。<http://www.no-trouble.jp/#1232679167401>

18　商品先物取引法については、経済産業省の以下のサイトに関係資料が掲載されている。<http://www.meti.go.jp/policy/commerce/a00/2010/1026.html>

不招請勧誘の禁止規定は、改正の第三段階施行部分である。

19　津谷裕貴（２０１１）『不招請勧誘規制なくして悪徳商法対策なし（下）――法令だけでなく条例やステッカーに注目』消費者法ニュース№86　２０１１年1月31日発行　消費者法ニュース発行会議　１６２－１７２頁

『不招請勧誘規制なくして悪徳商法対策なし（上）――法令だけでなく条例やステッカーに注目』は、消費者法ニュース№85　２０１０年10月31日発行　消費者法ニュース発行会議　２２４－２３３頁に掲載されている。

この号には、松あきら参議院議員による『不招請勧誘禁止とドント・コール・レジストリー』も掲載されている。

なお、津谷弁護士は、弁護士として消費者問題に取り組み日弁連の消費者問題対策委員長を務めた。

また、商品先物取引に不招請勧誘禁止の規定を導入する法改正の検討過程で、産業構造審議会商品取引所分科会の委員として、重要な役割を果たした。そして、この文章を書いた後、２０１０年11月４日に殺害された。犯人は、津谷弁護士が弁護した離婚事件の相手方だったという。津谷弁護士のご活動に心から感謝し、ご冥福をお祈りする。

20　返品について明確な表示がない場合、返品可能と返品不可のどちらをデフォルト・ルールとするかは、一種の「調整ゲーム」と考えられる。

21　藤田友敬（２００６）「規範の私的形成と国家によるエンフォースメント：商慣習・取引慣行を素材として」『ソフトロー研究』第６号13頁では、商慣習が裁判規範として使われた例として、流通業界の返品制が挙げられている。このような事業者間の商慣習は、それに違反した場合裁判に訴えられる可能性が高く、その結果として商慣習について判断した判例が生まれやすい。しかし、通信販売のような消費者取引では、ある事業者が商慣習に違反したと考えられても裁判に訴えることの費用が利益を上回ることが多く、判例が確立しにくい。

22　返品ルールの規制を含む法改正については、消費者庁・経済産業省（２００９年９月）『「特定商取引に関する法律」及び「割賦販売法」の一部を改正す

る法律について』23頁に解説がある。<http://www.no-trouble.jp/#1233126730025>

また、2008年4月21日の社団法人日本通信販売協会での説明会の記録『平成20年特定商取引法等改正案説明会要旨』に、法改正の必要性も含めた解説がある。この資料は、『消費生活安心ガイド』の中に2008年5月8日付けで掲載されている。<http://www.no-trouble.jp/#1232679167401>

23 『消費生活安心ガイド』<http://www.no-trouble.go.jp/>の中に、特定商取引法に基づく処分件数の推移と、これまでの個々の処分の発表文へのリンクが掲載されている。

24 処分の中には、国と地方公共団体が連携したものもある。後で訴訟のところで解説する外国語教室に対しては、国と東京都が連携して2007年6月13日に事業者に対し特定商取引法の特定継続的役務の規定に基づく処分を出した。この処分は、1年を超えるレッスンを一度に契約することを6か月間禁止するもので、1年以下の契約は容認するものだった。

この外国語教室に対する処分については、2007年6月13日付けの経済産業省の発表『特定商取引法違反の特定継続的役務提供事業者（外国語会話教室）に対する行政処分について』に解説がある。<http://www.meti.go.jp/press/20070613004/tokutei_press.pdf>

また、諏訪園貞明・杉山浩一著『内部告発』辰巳出版 66－70頁等にも、この処分に関連する記述がある。

25 2011年2月10日付けの関東経済産業局の発表『割賦販売法に基づく登録個別信用購入あっせん業者に対する改善命令について』<http://www.kanto.meti.go.jp/annai/hodo/data/20110210kappankaizenmeirei.pdf>

26 2006年9月25日、名古屋地方裁判所で電話勧誘会社の行政処分差止めが却下された判例については、判決の全文も含め、裁判所の以下のサイトに掲載されている。<http://www.courts.go.jp/search/jhsp0030?action_id=dspDetail&hanreiSrchKbn=05&hanreiNo=33813&hanreiKbn=04>

27 経済産業省（2006年9月28日）電話勧誘販売に対する業務停止命令の発表<http://www.meti.go.jp/press/20060928009/20060928009.html>

28 経済産業省（2007年5月28日）電話勧誘販売に対する業務停止命令の発表<http://www.meti.go.jp/press/20070528006/20070528006.html>

29 2008年6月6日付けの経済産業省の発表か

ら。千葉県警への告発の記述や勧誘事例を含む発表文は、以下に掲載されている。<http://www.meti.go.jp/policy/economy/consumer/pdf/080606aam.pdf>

30　警察庁生活安全局生活経済対策管理官『平成22年中における生活経済事犯の検挙状況等について』<http://www.npa.go.jp/safetylife/seikan25/h22_seikeijihan.pdf>　５頁

31　同５－８頁

32　２００９年８月26日の経済産業省の発表<http://www.meti.go.jp/press/20090826006/20090826006.pdf>

33　２０１１年２月10日付け河北新報朝刊「新たに元社長ら逮捕——先物取引預託金詐欺容疑」

34　伊藤渉『床下リフォーム工事に際しての詐欺（刑事責任）』廣瀬久和・河上正二編『消費者法判例百選』別冊ジュリスト№２００　２０１０年６月　20頁

35　たとえば、高齢者に対するリフォームなどの悪質商法で事業者から消費者への損害賠償が認められた２００５年の札幌地裁の判例がある。これは、事業者が事実でないことを告げて79歳の消費者と契約を締結したことで不法行為が成立し、事業者は不法行為に基づく損害賠償を負うというものである。この判例の解説には、「民法上の錯誤による無効や詐欺による取消し、不法行為による損害賠償、消費者契約法上の不当勧誘に対する取消しなど、本事例に適用できそうな規定はいろいろある」とある。山下純司『高齢消費者相手のリフォーム詐欺』廣瀬久和・河上正二編『消費者法判例百選』別冊ジュリスト№２００　２０１０年６月　18－19頁

36　この外国語会話教室に関する最高裁判所の判例は、裁判所のサイトに掲載されている。<http://www.courts.go.jp/search/jhsp0030?action_id=dspDetail&hanreiSrchKbn=02&hanreiNo=34469&hanreiKbn=01>

37　訪問販売によるいわゆる「過量販売」の取り消しについては、特定商取引法第９条の２に定められており、消費者庁・経済産業省（２００９）『特定商取引法に関する法律の解説』商事法務　88頁以降に解説がある。

38　悪質商法に対する民事的対応には以下の本が参考になる。後藤巻則・村千鶴子・斎藤雅弘著（２００７）『アクセス消費者法』第２版　日本評論社

日本弁護士連合会編（２０１１）『消費者法講義』第３版　日本評論社

鳥谷部茂・山田延廣編著（２０１０）『消費者法』

第2版　大学教育出版

39　法テラスのサイト　<http://www.houterasu.or.jp/>

40　法テラスの消費者被害のサイト　<http://www.houterasu.or.jp/service/shouhishahigai/>

41　簡易裁判所の手続きについては、裁判所のサイトに解説がある。<http://www.courts.go.jp/saiban/qa/qa_kansai/index.html>

　また、一部の特定調停（特定調停法に規定される、借金返済に関連する調停）の問題を指摘する記載もある。渕田和子『特定調停の現場での問題点――最近の不当事例から』、竹前浩和『簡易裁判所での特定調停の取扱について』「消費者法ニュース79」（2009年4月）285頁、286頁

42　2007年時点での消費者団体制度の解説として、以下がある。松本恒雄・上原敏夫（2007）『Q&A消費者団体訴訟制度』三省堂

43　制度の概要や認定された適格消費者団体などについては、消費者庁のサイトに掲載されている。

44　2011年8月、消費者委員会の集団的消費者被害救済制度専門調査会から報告書が出された。また、消費者庁の「財産の隠匿・散逸防止策及び行政による経済的不利益制度に関する検討チーム」のとりまとめも公表された。これらの関係資料は、消費者委員会のサイト　<http://www.cao.go.jp/consumer/>と消費者庁のサイト　<http://www.caa.go.jp/>に掲載されている。

45　ただし悪質商法の事業者は、自らの行為が相手を裏切り市場の規範を損なうものだということを十分承知して、あえて規範を破ることで利益をあげている。こういう人たちを含む共通知識は作りにくい上に、仮に作っても、それを守るための圧力が働きにくい。

46　日本訪問販売協会サイト　<http://www.jdsa.or.jp/index.html>

47　日本通信販売協会サイト　<http://www.jadma.org/>

48　日本クレジット協会のサイト　<http://www.j-credit.or.jp/>

49　日本クレジット協会『個別信用購入あっせんに係る自主規制規則』<http://www.j-credit.or.jp/association/download/self_im01.pdf>

50　日本商品先物取引協会サイト　<http://www.nisshokyo.or.jp/index.html>

51　日本広告審査機構のサイト　<http://www.jaro.or.jp/index.html>

52　河上正二編（２００９）『実践　消費者相談』商事法務「はしがき」より。この本は、消費生活センターのあっせんに使える事例も多く掲載している。

53　東京都消費者被害救済委員会のサイト <http://www.shouhiseikatu.metro.tokyo.jp/sodan/kyusai/index.html>

54　２００６年４月　東京都生活文化局『金銭消費貸借契約を利用する割賦購入あっせんに係る紛争案件』<http://www.shouhiseikatu.metro.tokyo.jp/sodan/kyusai/pdf/h_hokoku32.pdf>

55　大村敦志（２００７）『消費者法　第３版』有斐閣　３５４頁

56　わかりやすい法の規定と潜在的な強制力という観点から重要な役割を果たしたのが、２００８年の特定商取引法改正で行われた指定商品制の廃止である。改正前は、ポジリストで政令に書かれていた規制対象に具体的に何が含まれるか、消費者はもちろん相談員も行政官も悩むことが多かった。訪問販売、電話勧誘販売等の規制対象となる商品とサービスを定めた政令が、例外を規定するネガリストになったことによって、普通の財は規制されていると安心して取引できるようになった。また、政令に書かれていない新しい財を扱うことで法規制を免れようとする悪質商法を防ぐことができるようになった。ただし、ネガリストに含まれる分野での悪質商法の増加という問題も出てきている。

　特定商取引法の例外規定は第26条であり、消費者庁・経済産業省（２００９）『特定商取引に関する法律の解説』商事法務　１６６頁以降に解説がある。

57　クーリング・オフの規定がある法律の一覧が、消費者庁の『ハンドブック消費者２０１０』89頁に記載されている。<http://www.caa.go.jp/planning/pdf/2010handbook.pdf>

　特定商取引法の訪問販売のクーリング・オフについては、消費者庁取引・物価対策課、経済産業省商務情報政策局消費経済政策課編『特定商取引に関する法律の解説　平成21年版』79頁から解説がある。

58　河上正二編（２００９）『実践　消費者相談』商事法務　１５９頁から「書面不備によるクーリング・オフ」の事例がある。

59　日本消費生活アドバイザー・コンサルタント協会（ＮＡＣＳ）サイトのＡＤＲの解説 <http://www.nacs.or.jp/katudou/adr.html>

　また、ＮＡＣＳの消費者相談室長である唯根妙子は『若者をめぐる消費者被害の実態と課題』で、Ｎ

ＡＣＳの消費者相談室に寄せられた若者からの相談事例などを解説している。「現代消費者法No.３」２００９年６月　民事法研究会発行　69頁

60　国民生活センターのサイトによるＡＤＲの紹介
<http://www.kokusen.go.jp/adr/index.html>

61　２０１１年３月３日独立行政法人国民生活センター紛争解決委員会『国民生活センターＡＤＲの実施状況と結果概要について（平成22年度第４回）』20頁

62　２００５年12月６日　経済産業省の発表『悪質な電話機等リース訪問販売への対応策について』
<http://www.meti.go.jp/policy/consumer/press/051206houdouhappyou.pdf>

63　実際の条文は、以下である。

（調査の協力）

第三十五条の三の六　個別信用購入あっせん関係販売業者及び個別信用購入あっせん関係役務提供事業者は、前条第一項の規定による調査に協力するよう努めなければならない。

ここで、「個別信用購入あっせん」とは、個別クレジットのことである。また、「前条第一項の規定」とは、個別クレジット事業者による加盟店調査義務の規定である。（特定商取引法に規定する訪問販売、電話勧誘販売等を加盟店としようとする個別クレジット事業者は、これらの事業者が特定商取引法に違反する不実告知などをしていないか調査しなければならない。）

64　経済産業省商務情報政策局取引信用課編、社団法人日本クレジット協会発行『平成20年版　割賦販売法の解説』１８５頁

65　消費者機構日本は、２００４年９月に、日本消費者協会、日本消費生活アドバイザー・コンサルタント協会、日本生活協同組合連合会が、法律専門家、学者、消費者団体関係者等に呼びかけて設立し、消費者団体訴訟制度で認定された適格消費者団体の一つである。事業者が要請に応じた背景には、この団体が適格消費者団体として事業者の不適切な行為を差し止める訴訟を起こせるということがある。消費者機構日本のサイト<http://www.coj.gr.jp/>

66　圧力のところで紹介した消費者契約法第３条の第１項は、事業者の努力義務を「努めなければならない」と規定している。これに対して、消費者の努力義務を定めた第２項は、「努めるものとする」となっている。製品安全でも述べたが、消費者が法律の条文による圧力に呼応するとは考えにくい。第２項は、圧力をかけるのではなく消費者の自主的な行動を期

待し、良心を喚起していると考えたい。

67　たとえば、東京都のサイトでは、消費者相談の事例を掲載している。大学生協連合会のサイトでは、大学生が被害に遭いがちな悪質商法やクレジットカードで気をつけることについて紹介している。消費者機構日本が編集した『パワーアップ消費者力』は、最近の相談事例のほか、消費者団体訴訟制度について解説し、活用を呼びかけている。消費記者機構日本・編（２００７）『パワーアップ消費者力』コープ出版。

68　たとえば２０１１年7月、マルチ商法の社長が特定商取引法違反で逮捕されたと報道された。訪問販売関係者の逮捕も報道された。

69　全国消費生活相談員協会は、地方自治体の消費生活センターなどで相談を担当する消費生活専門相談員などを会員とする団体である。

70　全国消費生活相談員協会のサイト『「消費者問題出前講座」を全国で開催します！』<http://www.zenso.or.jp/files/H22aisatsu.pdf>

71　消費者庁サイト　『高齢消費者・障害消費者見守りネットワーク連絡協議会』

72　大学生協連サイト <http://www.univcoop.or.jp/>『社会とつながるガイドブック２０１０』

73　三菱総合研究所、全国大学生活協同組合連合会（２０１１）『大学生がダマされる50の危険』青春出版社

74　消費者庁『消費者教育ポータルサイト』<http://www.caa.go.jp/kportal/index.php>

75　２０１０年11月　消費者庁　第一回消費者教育推進会議　資料６ <http://www.caa.go.jp/planning/pdf/101122_9.pdf>

76　ＮＡＣＳのサイト『学校教育事業』<http://www.nacs.or.jp/katudou/s_kyouiku.html>

77　経済産業省サイト『電子商取引の促進』関係サイト <http://www.meti.go.jp/policy/it_policy/ec/index.html>

78　経済産業省　２００６年1月31日発表『特定商取引法の通達の改正について～「インターネット・オークションにおける「販売業者」に係るガイドライン」の策定について～』
最新のガイドラインは、『電子商取引及び情報財取引等に関する準則』のほか、『消費生活安心ガイド』の「通信販売」の頁にも掲載されている。

79　大会の資料は、民事法研究会発行の『現代消費者法』に掲載されている。日本消費者法学会の学会誌には、学会での議論の一部が掲載されている。

80　全国消費者団体連絡会サイト　<http://www.shodanren.gr.jp/>

第3章

1　宗田貴行（２００９）『消費者法の新展開』慶應義塾大学出版会　消費者被害の救済や迷惑メールの規制などについて欧州の制度を解説している。

2　原文の多くは英語であり、筆者が和訳したものを引用している。

3　オランダ消費者庁の年次報告の英文版。一部要約した部分もある。<http://www.consumentenautoriteit.nl/sites/default/files/redactie/Review_2009.pdf>

4　ConsuWijzer.nlという、オランダの消費者庁、競争当局、郵便や電話を担当する当局が協力して活用しているサイトである。

5　原文は"text messaging services"。

6　この２００８年の動きが、韓国の公正取引委員会の２００９年版年次報告英語版の25－31頁で解説されている。<http://eng.ftc.go.kr/files/bbs/2009/Annual% 20Report% 202009.PDF>

7　韓国消費者院の英文サイト　<http://www.kca.go.kr/jsp/eng/main.jsp>

8　オーストラリア政府のサイトに、消費者法の解説が掲載されている。<http://www.consumerlaw.gov.au>

9　オーストラリア政府の製品安全に関するサイト <http://www.productsafety.gov.au>、

リコールに関するサイト <http://www.recalls.gov.au>、

リコールに関するツイッター <http://twitter.com/productsafetyau>

10　ＲＡＰＥＸの２０１０年次報告　<http://ec.europa.eu/dgs/health_consumer/dyna/enews/enews.cfm?al_id=1137>

なお、欧州委員会の消費者部門の簡単な解説としては、２００９年12月に開催されたセミナー「日本とＥＵにおける消費者保護政策の展望」でのクネヴァ委員の講演要旨がある。（http://documents.eu-japan.eu/seminars/japan/ja/dataobj-459-datafile.pdf）

11　ＲＡＰＥＸマネジメントガイドライン　<http://eur-lex.europa.eu/LexUriServ/LexUriServ.do?uri=OJ:L:2010:022:0001:0064:EN:PDF> 消費者用製品のリスク評価ガイドラインは、33－64頁。

12　米国連邦取引委員会のサイトの消費者向け解説 <http://www.ftc.gov/bcp/edu/pubs/consumer/

alerts/alt107.shtm>

13　Do Not Call Registry のサイトの事業者向け解説<https://www.donotcall.gov/faq/faqbusiness.aspx#browsers>

　米国連邦取引委員会のサイトの事業者向け解説<http://business.ftc.gov/documents/alt129-qa-telemarketers-sellers-about-dnc-provisions-tsr#paying>

14　米国連邦取引委員会のサイトに２００９年1月27日付けで掲載された発表文『連邦取引委員会がDo Not Call 違反者を取締り――企業はCivil Penaltiesとして１２０万ドル弱を支払うことに合意』<http://www.ftc.gov/opa/2009/01/westgate.shtm>

15　ＮＦＡによる処分等は、サイトに掲載されている。<http://www.nfa.futures.org/news/newsRelList.asp>

16　処分された事業者は、１９９５年からＮＦＡの会員だった。ＮＦＡは２００５年にこの会員の調査を開始した。ＮＦＡは職員が投資家を装って勧誘を受けたほか、この事業者の顧客から勧誘についての聞取り調査を行った。この結果、この事業者とその外務員４名が利益を過大にリスクを過小に説明したこと、外務員１名は押しつけ的な勧誘を行ったことを示した。ＮＦＡの２００７年６月28日の発表<http://www.nfa.futures.org/news/newsRel.asp?ArticleID=1896>

17　欧州消費者センターのネットワーク（ECC－Net）に関する欧州委員会の２０１０年次報告<http://ec.europa.eu/consumers/ecc/docs/2010_annual_report_ecc_en.pdf>

18　２０１０年10月21日、欧州委員会の副委員長で競争担当の委員であるアルムニア氏が集団的救済についての意見募集について述べた演説<http://europa.eu/rapid/pressReleasesAction.do?reference=SPEECH/10/576&format=HTML&aged=0&language=EN&guiLanguage=en>

　欧州委員会の集団的被害救済に関するサイト<http://ec.europa.eu/consumers/redress_cons/collective_redress_en.htm>

19　２００６年11月30日付けの経済産業省の発表

20　製品評価技術基盤機構　平成20年度業務実績評価43頁

21　２０１０年６月16日付けの欧州委員会の発表<http://ec.europa.eu/dgs/health_consumer/dyna/enews/enews.cfm?al_id=1023>

22　欧州委員会の発表や共同宣言<http://ec.europa.

eu/consumers/safety/int_coop/trilateral_en.htm>
　中国の発表 <http://jyjgs.aqsiq.gov.cn/gzdt/gjhz/200809/t20080911_89086.htm>

23　ＩＣＰＨＳＯのサイト <http://www.icphso.org/>

24　ＩＣＰＥＮ のサイト <https://icpen.org/>

25　消費者が外国の事業者とのトラブルについて苦情を報告できるサイトの日本語版 <http://www.econsumer.gov/japanese/>

26　ＯＥＣＤの製品安全のサイト <www.oecd.org/sti/consumer-policy/productsafety>

27　ＯＥＣＤ "Consumer Policy Toolkit" ２０１０年７月

28　国際消費者機構については、消費者庁企画課『ハンドブック消費者２０１０』の１７２頁に解説がある。サイトもある。<http://www.consumersinternational.org/>

29　ＩＳＯのサイト <http://www.iso.org/iso/home.htm>

30　ＩＥＣのサイト <http://www.iec.ch/>

31　消費者庁企画課『ハンドブック消費者２０１０』１７３頁

32　『お客様相談室』２０１１年　消費者関連専門家会議編　日本能率協会マネジメントセンター　１４６頁

33　『日本語訳　ＩＳＯ２６０００：２０１０ 社会的責任に関する手引』２０１１年　日本規格協会編・発行　１４６－１６４頁

34　２００９年のＯＥＣＤの電子商取引の会議の報告 "OECD Conference on Empowering E-Consumers: Strengthening Consumer Protection in the Internet Economy" DSTI/CP（2010）2/FINAL<http://www.oecd.org/dataoecd/32/10/45061590.pdf>

35　Terms of Reference for an update of the OECD Guidelines for Multinational Enterprises <http://www.oecd.org/dataoecd/61/41/45124171.pdf>

36　ＩＣＣは、世界の民間企業の組織である。<http://www.iccwbo.org/> 国際会議への意見具申、国際取引慣習に関する共通のルール策定、国際商事取引紛争に関する情報提供等を行っている。「ＩＣＣ国際仲裁裁判所」もある。新しいコードは、以下に掲載されている <http://www.codescentre.com/index.php/downloads>

終　章

1　フランス・ドゥ・ヴァールは、「他者と調和し、活動を連携させ、困っている者を気遣うという行為は、私たちの種に限ったものではない。人間の共感には、長い進化の歴史がある」と述べた。そして、クレジットカード払いにおけるカード会社と販売店と顧客のような手の込んだ仕組みが、信頼関係によって成立していることに言及した。

フランス・ドゥ・ヴァール著／柴田裕之訳（２０１０）『共感の時代へ』紀伊国屋書店　８頁、２３１頁。

2　竹澤正哲と亀田達也は、生態人類学者が行った調査研究を紹介した上で、ゲーム理論を使い「共同分配戦略」をとる人々が他の戦略をとる人より優越することを示した。

竹澤正哲・亀田達也（２００２）「所有と分配―共同分配規範の社会的発生基盤に関する進化ゲーム分析」佐伯胖・亀田達也編著『進化ゲームとその展開』共立出版。

ここで紹介された生態人類学者は、H.Kalplan と K.Hill である。

3　米国のデトロイトに住むイラク系のカトリック信者を対象として観察や心理学の実験を行い、彼らが同じ民族内で密接に協力する傾向にあり、そのことが彼らの利益になっていることを示した研究がある。Natalie Henrich, Joseph Henrich（2007）*Why Humans Cooperate.* Oxford University Press

4　山岸俊男（２００８）『日本の「安心」はなぜ消えたのか』集英社

5　金谷治は論語の解説で、以下のように述べる。

「政令や刑罰を、孔子はまったく否定したのではない。『刑罰が適切でなければ、人民は安心して生きていくことができない』といって、その適切な適用を望むことばもあるからである。ただそれらを第一にして政治をとることに、孔子は反対したのである。政令や刑罰は、いずれも一方的に上からあるいは外から人民を規制するだけで、決して人民の心服をかちとることにはならないからであった。」（金谷治（１９７０）『論語の世界』日本放送協会　１７１頁）

論語には「刑罰中（あた）らざればすなわち民手足を措（お）く所なし」とあるとともに、「これを道びくに政を以てし、これを斉（ととの）うるに刑を以てすれば、民免れて恥ずること無し。これを道びくに徳を以てし、これを斉うるに礼を以てすれば、恥ありて且つ格（ただ）し。」とある。金谷治訳注（１９６３）孔子『論語』岩波書店　１７３頁、27頁

6　渡辺浩は「礼」について以下のように述べた。「『礼』は、当人の立場とその関係する相手との関係とに応じて定められた、適切な行為の型である。政治制度・朝廷や民間の儀式・年中行事・個々人のライフサイクルに応じた通過儀礼（「冠婚葬祭」等）から、挨拶や食事の作法等を、すべて含む。……『礼』は『法』のような規範ではなく、模範に倣ってなされる自主的な規律である……『礼』への違反は、罪というよりは恥なのであり、それ故、およそ人らしく生きようという最低の自尊心のある人は、誰もが、みずから『礼』に沿って生きるはずなのである。」（渡辺浩（2010）『近世日本社会と宋学』東京大学出版会　256頁）

「儒学者たちは、人らしい生き方の具体的様式を礼と呼ぶ。……作法も制度も、同じく礼であるとは、奇妙に思えるかもしれない。しかし、いずれも人間の行為の型であることは同じである。」（渡辺浩（2010）『日本政治思想史』東京大学出版会　15頁）

なお、論語の「礼」について、朱子は「天理之節文、人事之儀則」、「制度品節」とし、吉川幸次郎は「文化的な生活の法則」とし、金谷治は「法律と対して、それほどきびしくはない慣習法的な規範」とした。いずれも「適切な行為の型」という解説と矛盾しない。朱熹『四書章句集注』中華書院　54頁

吉川幸次郎（最初の著作は1959年、新版の発行は1996年）『論語　上』朝日選書1001　朝日新聞社　47頁

金谷治訳注（1963）孔子『論語』岩波書店　27頁

7　たとえば製品安全では、重大製品事故の報告義務を含む法改正を行いつつ、製品安全総点検セミナーを開催し、自主行動計画の策定を促した。

8　2004年に行われた法制史学会のシンポジウム「法が生まれるとき」の記録の中で、ローマについての記述は、奴隷を譲渡された人が、その奴隷を自分のものと証人の前で主張するという儀礼の紹介から始まる。この場合、相手が反論しなければ譲受人の立場が保護されることとなり、相手が争えば訴訟になる。一方、日本の御成敗式目や秦漢の律令についての記述には、一般人の民事取引に関連する内容はみられない。新田一郎は、この本の冒頭で、中国古代の法は皇帝が官僚に与えるものであり、日本の鎌倉時代から室町時代にかけての御成敗式目などの武家法は「武家における沙汰のありかた」であったと述べた。一般の人々は武家法を、武家の実践とし

て観察し、断片的に体験し意識に取り込むにすぎなかったという。一方、西洋では「人々から等しい位置に法が置かれ」た。小川浩三「Mancipatio と Legis action sacramento in rem」、新田一郎「はじめに」林信夫・新田一郎編（２００８）『法が生まれるとき』創文社

9　山岸俊男は、社会心理学の本の中で、古代の東西の法の違いに触れた。同じ古代帝国でも中国は刑法や行政法が中心だったのに対して、ローマでは民法でローマ人も外国人も守られたため安心して商取引ができ、これがアメリカにも波及したとした。そして、「法が正直者を守ってくれる——言うなれば法が社会に代わって『安心』を提供してくれることで、人々は他人と一緒にしごとができるようになる」と述べた。山岸俊男（２００８）『日本の「安心」はなぜ消えたのか』集英社　２２１－２２３頁

10　現代の日本の消費者取引で、民事訴訟によって民法などの私法に基づく強制が行われることはそれほど多くない。この背景には、少額の取引が多く訴訟の利益が費用をカバーしにくいという消費者取引特有の事情があり、これは、外国でも日本でも変わらない。しかし、日本では欧米よりも、まず行政組織に行動を求めがちである。２００５年に悪質リフォーム訪問販売が日本で大きな問題になったとき、行政が取り締まるべきだという世論が高まり、国や自治体は行政処分を増やした。当時の悪質リフォームの被害額は平均約１５０万円に上った。米国であれば、まず訴訟によって賠償をどこまでとれるかという民事的な対応に向かうのではないか。

11　新田一郎は中世の日本の国家について述べた中で、「市場（いちば）の秩序維持」を私的な主従関係である「縁」とは無関係に確保していたという「無縁」を紹介し、「無縁とは、人々に対し稠密におよぶ作用をもつ国家の不在に対応したネガ像であった、ともいえようか」と述べた。

　新田一郎（２００４）『中世に国家はあったか』山川出版社　84、89頁。

「無縁」については、以下に記述されている。網野善彦（１９９６）『増補　無縁・公界・楽——日本中世の自由と平和』平凡社ライブラリー。この本で、網野は市（いち）について、「ふつうの領主たちには、市をその私的な支配下に置くことはできなかった」とする（３５５頁）。この中で、たとえば織田信長の楽市場に関する永禄十年の制札は、市場内での通行自由や借金追求不可等、市場を通常の支配から除外したものとみる（１０７頁）。

なお、この制札は三箇条からなる簡素なものであるが、第二条に「不可押買狼藉・喧嘩口論事」とある。また天正十五年、博多の自治都市について秀吉が制定した形をとった九箇条の掟書の最後にも「押買狼藉停止之事」とある（88頁）。最近貴金属等の訪問買取りへの対策が検討されているが、戦国時代の「押買」禁止は、消費者取引ではないものの、無理な買取りを国が禁止した前例といえよう。

12　戦国大名は経済的後進地域の出身で貨幣による市場の経験がほとんどなく、16世紀には自治的都市が畿内で発達していた。しかし、自治的都市は江戸幕府の支配下に組み込まれた。速水融（２００３）『近世日本の経済社会』麗澤大学出版会　88頁、１８２頁

13　同１７０頁

14　渡辺浩は江戸時代の家業について解説する中で、商人が立身出世するために必要とした商売の方法として、勤勉・才覚・倹約・丁寧に加え、正直であることが挙げられていたことを当時の文献から示した。そしてこの時代の市場道徳について、以下のように描写した。

「何故、正直でないといけないのか。汚い商売は続かず、結局儲からないからである。……道徳を守れない者は、政府の介入も神仏の冥罰も無しに、ただ市場によって確実に罰せられ、いずれ破滅する。成功を続ける商人は賢いだけでなく倫理的である、つまり市場が人を道徳化する」（渡辺浩（２０１０）『日本政治思想史』東京大学出版会　85頁）

15　市場で相互協力をもたらす良心に関係するものとして、「情」がある。渡辺浩は、江戸時代の前期、町人から儒学者となった伊藤仁斎が、「儒学の一つの日本化」を遂げたことを指摘した。伊藤仁斎が「理」を重視する朱子学とは異なり、「情」、つまり人のなさけを重視したことについて、渡辺は、「日本人には今日も理解し易いこの道徳観は、少なくとも、天下を統治する中国士大夫のものよりは、むしろ近世日本の、特に家訓、通俗教訓書、小説、芝居に見える町人のそれに近い。」とし、その道徳観は、まず「人と争わず『譲る』ことである」とする。渡辺浩（２０１０）『近世日本社会と宋学』東京大学出版会２０１‐２０２頁

16　平田雅彦は、江戸時代の石田梅岩が「お客様満足」の大切さを訴え日本の商人道がこれを引き継いでいるとして、以下のように述べた。

「石田梅岩は、『まことの商人は先も立ち、我も立つことを思うなり。まぎれ者は人をだまして、その

座をすます。これを一列に言うべきにあらず』として、先方との共存共栄をはかるのが本当の商人であると説いた。

相手と共に協力しながら栄えるという共存共生の思想は、江戸時代商人の間ではかなり普及し、明治以降西洋流の近代化が進んだ今日まで、長く保持されている。」（平田雅彦（2010）『ドラッカーに先駆けた江戸商人の思想』日経BP 93頁）

ただしこれは、平田が1931年に生まれ1954年に就職し高度成長を経験して有名企業の経営幹部になった経験を踏まえて書かれたものである。協力の思想が「今日まで長く保持されている」という記述は、特定の時代・企業の行動を中心に書かれたものと考えられる。

17　家訓の例として今もよく知られているのが、近江商人の家訓である。「売手によし」「買手によし」「世間よし」の「三方よし」という。近江商人の商圏は近江の国以外に広がり、これとともに家訓も広がっていった。末永國紀は「三方よし」を顧客満足と社会貢献ととらえ、日本のCSR（企業の社会的責任）の源流とする。末永國紀（2004）『近江商人学入門』サンライズ出版

18　山岸俊男は、日本で多くの人が相互に協力した理由は「心がきれいだから」ではなく、「そう生きることがトクだから」、つまり「メンバーがおたがいを監視し、何かあったときに制裁を加えるメカニズムがしっかりと社会の中に作られている」からだとした。そして、市場の信頼を確保するために、非協力行動が臨界を越えない程度の適度な強制と、評判の役割が重要だとした。山岸俊男（2008）『日本の「安心」はなぜ消えたのか』集英社

これに関連して、日本人は相手を信頼して協力する度合いがアメリカ人よりも低く、相互監視があるために相手と協力しているという結果が出た実験がある。山岸俊男（1990）『社会的ジレンマの仕組み』サイエンス社

19　山岸俊男、清成透子、谷田林士は、被験者に匿名の1回限りの取引をさせた。相手を裏切った方が得になる条件の取引である。すると、自分の利益が減ることが明らかであるにもかかわらず、相手に協力する人が多かった。この結果は、人々が相互協力をする傾向を持っていると考える証拠になる。山岸俊男・清成透子・谷田林士（2002）「社会的交換と互恵性――なぜ人は1回限りの囚人のジレンマで協力するのか」佐伯胖・亀田達也編著『進化ゲームとその展開』共立出版

20　松村良之は、日本人の法意識について調査を行った。この中に、当事者の合意のみによって拘束力が生じるという近代契約法の原則と日本人の法意識は異なるという川島武宜の記述（川島武宜（1967）『日本人の法意識』岩波書店）の当否を検証した部分がある。調査では、口頭の約束を尊重するという人々が一般的に契約を信頼し尊重しているわけではないという結果が出た。このことから松村は、口頭の契約を尊重するのは近代法的な契約原理にかかわる価値を内面化したからではないとし、「たとえば、約束という信義を重んずるというような法以前の道徳的な態度が思い浮かぶ」と述べた。松村良之（2009）「人々の契約意識」太田勝造・ダニエル・フット・濱野亮・村山眞維編『法社会学の新世代』有斐閣　298頁

21　国境を越える決済代行に関連して、「クレジットカードの現金化」という問題も出てきている。「クレジットカード現金化での支払い」とは、現金化業者から価値の低い商品をカードでたとえば50万円で買い、その商品をすぐ買い取ってもらったりキャッシュバックを受けたりして40万円を手にして、支払いに充てることだ。このような利用は、クレジットカードの契約に違反している。このため日本のクレジット会社と契約できない悪質事業者は、往々にして海外のクレジット会社から代金を得る。この場合、消費者が今後払うことになる50万円とリボ払いなどの手数料は海外のクレジット会社に渡る。

22　石原武政は現代の小売業とまちづくりについて「監視の目が集団規範を維持し、人びとの内的規範として浸透させていく」と述べた。これは、小売業での監視と制裁のメカニズムが、街並みという規範について、今もある程度機能していることの描写である。しかし、監視と制裁が機能するのは、比較的小さい共同体に限られる。石原は、空間が広がると人間関係が希薄になり、社会規範が危機を迎えるとする。石原武政（2006）『小売業の外部性とまちづくり』有斐閣　216、227頁

23　岡本浩一は、安全をおろそかにする「無責任の構造」として、職場の権威主義や属人主義を指摘した。岡本浩一（2001）『無責任の構造』ＰＨＰ新書

24　一製品当たりの事故件数はある程度わかっても、悪質商法の一事業者当たりの件数はわからない。悪質な事業者は自社の被害件数を小さく見せるために、いくつもの企業名を使い分ける。次々に新しい手口を編み出し、そのたびに違う企業を作る。被害の大きさもわかりにくい。1人の消費者を何人もの

勧誘者が異なる企業名で次々に訪問し、合計で多くの被害を与えることがある。判断力の衰えた高齢者が、契約金額を覚えていないこともある。また、たとえ被害金額が小さくても、被害者が未成年であれば悪質性は高い。マルチ商法で交友関係が失われるなど、金額で測れない被害もある。若い従業員を雇っては悪質行為を植え付けることも、経済に損害を与える。

25　２００５年頃の製品事故の情報や悪質商法に関する消費者相談件数の動向は、規範の不遵守が臨界を越える危険性を感じさせるものだった。その中で、行政組織は法執行を強化した。また、２００６年、２００７年には消費生活用製品安全法、２００８年には特定商取引法と割賦販売法、２００９年には商品取引所法が改正された。製品安全に関わる技術基準も改正された。強制力の強化と同時に製品安全の任意規格、消費生活センターのあっせんなどの圧力が活用された。製品事故や悪質商法に関する情報提供や、事業者団体、消費者団体、学会などの活動が、良心を喚起した。２００９年9月に設置された消費者庁は、法を自ら執行するほか、消費市場に関する情報の結節点となって、多くの組織がそれぞれの役割を認識できるように促すことができる。消費者庁による強制だけに頼って他の対策をおろそかにしてはいけない。

26　広い領土と多くの資源を持っていたソ連は、崩壊した。計画経済では、よりよい商品やサービスを生産する動機を提供できなかったからだ。天然ガスの輸出による収入が増えた時のオランダの経済は、かえって苦しんだ。通貨高で工業製品の競争力が落ちたからだ。一方、領土もわずかで資源も乏しいシンガポールは、発展した。市場の規範が守られている国だとの信頼を得ることによって、貿易取引の中継地となり、投資を集めたからだ。

27　国際法は、伝統的には複数の国家によって作られ守られると認識されてきたが、最近は、企業やＮＧＯなどの国以外の組織も重視されるようになってきた。大沼保昭は、このような動きが重要な視野の拡大だとしつつ、文明等の対立につながる危険性があることも指摘し、「人間はあるひとつの文明や文化に排他的に『帰属』するものではなく、常に複数の文化・文明に何かを感じ、考え、行動する」ことを自覚すべきだとする。大沼保昭（２００８）「国際法と力、国際法の力」大沼保昭編著『国際社会における法と力』日本評論社

28　製品事故の防止やネット通販等の国際的な議論に

参加する人は、国籍や自分が共感を持つ文化・文明だけでなく、製造事業者、販売事業者、消費者、行政官などのアイデンティティも持つ。危険な製品や悪質オンライン取引などの具体的な問題について、文化・文明への帰属感に縛られずに話し合える可能性がある。

索　引

▼　アルファベット

▼　あ　行

▼　か　行

▼ さ 行

▼ た　行

▼ な　行

▼ は　行

▼ ま　行

▼ や　行

▼ ら　行

▼ わ　行

著者紹介

谷みどり（たに・みどり）

1955年広島市生まれ。学生時代は消費者運動に取組み77年には東京大学消費生活協同組合の学生委員長に。79年に東京大学経済学部を卒業し，通産省入省。86年スタンフォード大学政治学修士。94年版通商白書の担当室長。96-99年国際エネルギー機関（IEA）政策審査課長。環境省で04年版環境白書等の担当課長。05年に経済産業省消費経済部長，07年に経済産業省官房審議官（消費者政策担当）となり，製品安全や悪質商法の取締り等を担当。経済産業研究所（「消費者政策と市場の規範」「日本の消費者政策（英和対訳）」「日本の環境政策（英和対訳）」を研究所のサイトに掲載）を経て08年から経済産業省商務流通グループの消費者政策研究官（公務員制度改革でできた専門スタッフ職）。
東京大学公共政策大学院教員を兼務。京都議定書関係の交渉等について英語講義を行っている。近著に「日本の消費者問題」（共著、建帛社）。

新曜社 消費者の信頼を築く
安全な製品と取引のための消費者問題ハンドブック

初版第1刷発行　2012年4月27日

著　者　谷　みどり
発行者　塩浦　暲
発行所　株式会社 新曜社
〒101-0051　東京都千代田区神田神保町2-10
電話(03)3264-4973・FAX(03)3239-2958
e-mail：info@shin-yo-sha.co.jp
URL：http://www.shin-yo-sha.co.jp/
印刷所　新日本印刷
製本所　難波製本

ISBN978-4-7885-1287-0　C1036